# ¡Habla con tu esposo!

## Ayuda al hombre
## de tu vida a
## amarte mejor

## JULIE CLINTON

EDITORIAL
**PORTAVOZ**

La misión de *Editorial Portavoz* consiste en proporcionar productos de calidad —con integridad y excelencia—, desde una perspectiva bíblica y confiable, que animen a las personas a conocer y servir a Jesucristo.

Título del original: *10 Things You Aren't Telling Him* © 2009 por Julie Clinton y publicado por Harvest House Publishers, Eugene, Oregon 97402. Traducido con permiso.

Edición en castellano: *¡Habla con tu esposo!* © 2014 por Editorial Portavoz, filial de Kregel Publications, Grand Rapids, Michigan 49501. Todos los derechos reservados.

Traducción: Rosa Pugliese

EDITORIAL PORTAVOZ
P.O. Box 2607
Grand Rapids, Michigan 49501 USA
Visítenos en: www.portavoz.com

ISBN 978-0-8254-1831-0 (rústica)
ISBN 978-0-8254-0366-8 (Kindle)
ISBN 978-0-8254-8502-2 (epub)

1 2 3 4 5 / 18 17 16 15 14

*Impreso en los Estados Unidos de América*
*Printed in the United States of America*

*Este libro está dedicado
al amor de mi vida: mi esposo, Tim.
Tu amor incondicional, protección
y receptividad me bendicen.
Gracias por soñar.*

# Reconocimientos

*Soy un pequeño lápiz en la mano de Dios,*
*con el que Él escribe una carta de amor al mundo.*

MADRE TERESA

Me encanta esta cita, porque me recuerda al increíble equipo de pequeños lápices de Extraordinary Women (Mujeres Extraordinarias): un equipo que trabaja incansablemente para entregar la carta de amor de Dios al mundo. Debido a su gracia y amor, le debo mi más profundo agradecimiento, en primer lugar y sobre todo, al verdadero Amante de mi alma: Jesucristo.

Un agradecimiento especial a Pat Springle por colaborar conmigo en este libro. Pat, tu sabiduría y don para escribir son tremendamente útiles para la gloria de Dios. Gracias por tu arduo trabajo y dedicación a la Palabra de Dios.

Felicitaciones a la Editorial Harvest House por su apoyo y dedicación. En particular a Terry Glaspey, Carolyn McCready y Gene Skinner por ofrecer una plataforma especial para alcanzar a mujeres de todos los Estados Unidos.

A Joshua Straub, que está al frente de muchos de nuestros proyectos como coordinador, escritor, investigador y editor. Y a Amy Feigel y Laura Faidley por su edición, investigación y conocimiento; ¡todos ustedes son geniales!

Al equipo diligente de Mujeres Extraordinarias, gracias por las largas horas durante la semana y la dedicación los fines de semana, que pasan en la carretera para servir a Cristo y a mujeres de toda la nación. ¡Me encanta trabajar con ustedes!

Mamá, no estaría donde estoy hoy sin tus oraciones fieles por mí. Tú me has dado un hermoso ejemplo de lo que significa ser una esposa, madre y mujer de Dios.

Y a mi esposo, Tim. Solo puedo escribir un libro sobre este tema debido a tu amor incondicional, tu gracia y tu pasión, que hacen que nuestro matrimonio sea mejor de lo que jamás soñé. Megan y Zach, ustedes le aportan color a mi mundo con un arcoíris de alegría. Soy muy bendecida por el amor que traen a mi corazón. ¡Lo mejor aún está por llegar!

# Contenido

# *Introducción:* Qué quieren las mujeres

*La gran pregunta que nunca ha sido respondida y que aún no he podido responder, a pesar de mis treinta años de investigación sobre el alma femenina, es: "¿qué quieren las mujeres?".*

SIGMUND FREUD

A VECES, LAS MUJERES SOLO QUIEREN QUE SU ESPOSO LAS ENTIENDA. Los comienzos de mi matrimonio fueron difíciles. Muy difíciles. Después de pelear por muchos días, mi esposo Tim y yo estábamos exhaustos. Él quería buscar una solución; yo quería que él me entendiera. El dinero era un problema. Entonces ¿qué hizo él? Llegó a casa con un ramo de flores. Cuando estás peleando por dinero y tu marido gasta 50 dólares en un ramo de flores… bueno, no hace falta decir que eso no era lo que yo quería, ¡y tampoco iba a pagar la renta del próximo mes! Tim, al notar mi gran disgusto, rápidamente se puso nervioso, se dio la vuelta y tiró las flores al piso… ¡bruscamente! Lloré mientras me preguntaba en secreto si me había casado para eso.

Cuando la vida se pone difícil, otras voces podrían decirnos que no nos contentemos con nuestra suerte, que nos merecemos otra cosa. A menudo nos comparamos con otras personas, y aunque queremos ser agradecidas por lo que tenemos, siempre deseamos algo mejor y superior. El problema es que generalmente comparamos nuestra vida y nuestra situación con lo mejor de lo mejor que vemos en la televisión, la publicidad y por todos lados. Comparamos nuestra figura con la de las modelos de la edición en trajes de baño de *Sports Illustrated* y nuestro cabello con los cabellos sedosos de las muchachas de los comerciales de champú. Comparamos nuestra casa, nuestra cocina, nuestro auto y nuestros hijos con los de otras personas.

Y eso no termina ahí. También queremos un hombre que se parezca a Brad Pitt. Queremos que sea tan sensual y sexy como el protagonista de una novela romántica, tan paciente como el Papa y tan rico como Bill Gates. Queremos un hombre que nos mire con más interés, pasión e intensidad que cuando mira la Super Bowl. ¡Queremos un hombre que nos prefiera totalmente, completamente e incondicionalmente!

Con eso como nuestro prototipo, no es ninguna sorpresa que a menudo nos decepcionemos cuando nuestro marido está de pie frente al refrigerador rascándose. Desde luego que lo hemos elegido, y que estamos comprometidas a estar con él; pero muchas mujeres no pueden obviar ese sentimiento continuo de que podría ser mejor que eso... que debería ser mejor que eso. Fíjate en esta cita que encontré de Judith Viorst, de la década de 1970:

> El enamoramiento es cuando piensas que él es tan sexy como Robert Redford, tan inteligente como Henry Kissinger, tan noble como Ralph Nader, tan divertido como Woody Allen y tan atlético como Jimmy Connors. El amor es cuando te das cuenta de que él es tan sexy como Woody Allen, tan inteligente como Jimmy Connors, tan divertido como Ralph Nader, tan atlético como Henry Kissinger y nada parecido a Robert Redford; pero de todas formas te quedas con él.

## Un romance sagrado

Quiero explicarte algo desde un principio. Por lo que nos dice la Biblia, la vida está basada en las relaciones; en particular con Dios y con aquellos que amamos, y especialmente con nuestro esposo. No necesitas buscar mucho en la Biblia para ver que Dios desea tener una relación con cada ser humano. Aún más, Él es un Dios que nos persigue y trata de ganarse nuestro corazón. Cuando su amor nos toca, todo cambia.

Vuelve conmigo al libro de Génesis por un momento. Vemos que

Dios colocó ese mismo ímpetu relacional que tiene por nosotras tanto en el corazón del hombre como en el de la mujer. Después que Dios completase el resto de la creación, y antes de que el pecado, la enfermedad, la muerte, la angustia y el dolor entraran al mundo, Él miró alrededor del Huerto y se dio cuenta de que algo no era bueno (Génesis 2:18). Aunque Dios caminaba con Adán en perfecta armonía, Él sabía que no era bueno que el hombre estuviera solo. Entonces, ¿qué hizo? ¡Nos creó a nosotras! ¡Las mujeres! Así es, de la costilla de Adán creó un *ezer*, una ayuda idónea, que acompañara y complementara a Adán. Hueso de sus huesos y carne de su carne. Dios le dio a Eva. Él diseñó a ambos para la más profunda de todas las intimidades: que llegaran a ser uno. Una intimidad cubierta de belleza, inocencia y libertad. Ellos estaban desnudos y no sentían vergüenza. Cada uno podía contar con el otro. Estaban seguros.

Pero algo que tiene tanto potencial para el bien, también tiene mucho potencial para hacer daño y causar dolor. Apenas comienzas a leer el próximo capítulo de Génesis y puedes ver que todo el infierno está en contra de lo que Dios quiere bendecir. Cuando Tim da charlas a algunos grupos, generalmente comienza con esta frase: "Las relaciones nos hieren, pero las relaciones también nos sanan".

## Qué nos pasa: Tres razones para la falta de comunicación

Cuando viajo a las conferencias de Mujeres Extraordinarias y me encuentro con miles de mujeres de todo el país, escucho historias de tensiones relacionales. Casi todas las mujeres de los Estados Unidos a las que he conocido las han experimentado. El ritmo frenético, la presión enorme y el dolor intenso (pero muchas veces escondido) en la vida de una mujer provocan un estrés inmerecido en sus relaciones más preciadas. De hecho, el Dr. Richard Swenson escribió en su libro *Margin* [Margen], que la mayoría de las parejas interactúa de modo significativo tan solo durante cuatro minutos al día. Haz una pausa. Piensa en esto. Solo cuatro minutos de tiempo de calidad para la relación: sentarse, escucharse, tomarse de las manos, pasarse la mano sobre el hombro… simplemente estar juntos. El resultado es que nos sentimos vacías y exhaustas; sin embargo, ¡anhelamos que nos escuchen y nos amen!

## Nos olvidamos de las cosas simples

> Las mejores cosas de la vida son las que tienes más cerca: la respiración en tus fosas nasales, la luz en tus ojos, las flores a tus pies, el trabajo que tienes entre manos, el buen camino delante de ti. Entonces, no trates de alcanzar las estrellas; sino haz las tareas comunes y corrientes de la vida diaria, con la certeza de que las tareas cotidianas y el pan diario son las cosas más dulces de la vida.
>
> ROBERT LOUIS STEVENSON

Cada verano, nuestra familia realiza un viaje de vacaciones a Myrtle Beach. Y cada verano, al prepararnos para el viaje, Tim y yo prometemos dejar a los niños con mis padres una noche para tener una cita romántica. Pero año tras año, por alguna razón no era posible. El tiempo parecía pasar volando. Así que puedes imaginar mi entusiasmo el año en que realmente buscamos la manera de hacer realidad el sueño de nuestra cita romántica.

Después de llegar de la playa, quitarme las sandalias, darme un baño, maquillarme, hacerme un peinado a pesar de la humedad y vestirme con el atuendo más fino que contenía mi maleta de vacaciones de verano en la playa, ya estaba lista. Cuando finalmente aparecí en la sala para reunirme con Tim, yo estaba con una sonrisa de oreja a oreja. Tim besó suavemente mis labios, nos tomamos de la mano, y salimos por la puerta.

Mientras conducíamos por la ciudad buscando un restaurante, los segundos se convirtieron en minutos, y los minutos se convirtieron en horas. Yo estaba hambrienta, y él también. El tráfico que había frente a la playa y mi cabello, ahora aplastado, no colaboraban. El único restaurante apropiado que pudimos encontrar tenía todas las reservaciones de la noche cubiertas. Nuestra cita soñada se fue transformando gradualmente en un desastre lleno de sarcasmo, en el que ambos estábamos demasiado quisquillosos y encontrábamos los defectos el uno del otro. Con el estómago vacío y nuestra actitud alterada, nos resignamos a pasear por un complejo de ocio llamado Barefoot Landing. Caminamos en silencio, elegantemente vestidos, sin tener a donde ir sino a dar un paseo por el entablado de madera. Y entonces algo sucedió. Tomamos aire y simplemente comenzamos a hablarnos como adultos. Las protestas ocasionales finalmente se convirtieron en abrazos y arrumacos a la luz de la luna que se reflejaba en el lago. Obviamente, nuestro enojo no era en absoluto entre nosotros. Simplemente estábamos decepcionados. Nuestra noche se había frustrado, y estábamos molestos por sentirnos frustrados. Las parejas se buscan sus propios problemas al obstinarse y pelear por cosas que no pueden explicar o que no importan. Esas riñas por nimiedades sustituyen a la comunicación sincera. Muchas de estas parejas podrían resolver gran parte de sus diferencias si simplemente hablaran en calma y con sinceridad.

*Enfermas como nuestros secretos*

El ritmo de nuestros días y nuestros horarios de locos pueden apagar el romance de nuestra relación. Y la mayoría de nosotras vive con muchas presiones, de modo que experimentamos una gran cantidad de enojo y tensión. Fastidiamos, criticamos, acosamos verbalmente y gritamos. Nuestra conversación se deteriora cada vez más, o directamente dejamos de hablar. Pero una cosa es segura, y la mejor manera de decir esto es con una doble negativa: no puedes *no* comunicarte. En todo momento estás enviando mensajes: positivos o negativos, verbales o no verbales.

La verdad es que estamos tan enfermas como nuestros secretos y las cosas que nos guardamos. Muchas mujeres me han abierto su corazón sobre abuso sexual, aventuras amorosas, problemas financieros, abortos, adicciones y desórdenes alimenticios… pero cuando les pregunto si han hablado con su esposo o novio sobre esas cosas, me miran horrorizadas y me dicen: "¿Estás bromeando? ¡Nunca hablaría de esto con él!". Este mundo secreto es el caldo de cultivo perfecto para la vergüenza, y la vergüenza infecta cada aspecto de nuestra vida. Destruye nuestro sentido de confianza, nos hace estar nerviosas en vez de estar relajadas, y nos impulsa a defendernos aunque no haya ningún enemigo cerca.

Desde luego que no estoy promoviendo que esta noche vayamos y le contemos de golpe toda nuestra vida a nuestro esposo, para ver qué pasa. Debemos ser sabias sobre cómo y cuándo comenzar a contarle los secretos que hemos escondido por tanto tiempo. Pero para comenzar el proceso de revelar nuestros secretos, primero debemos hablar de ellos con una amiga de confianza, para luego, prudentemente, contárselo al hombre de nuestra vida.

Puede que te preguntes: ¿Pero esas cosas no pertenecen al pasado? Bueno, tu pasado no es tu pasado si sigue afectando a tu presente. He conocido a mujeres que encontraron el valor y el tacto para hablar de cosas que hacía décadas les atormentaban. Aunque el proceso fue difícil, casi siempre les produjo una increíble libertad. Los secretos habían creado barreras entre aquellas mujeres y su esposo, y cuando quitaron esas barreras, las parejas disfrutaron una relación más valiosa, profunda y amorosa que nunca.

## Es hora de hablar

Sin duda, tú anhelas amar y ser amada de manera exclusiva, incondicional y apasionada. Pero cuando no hablas con tu esposo sobre algo importante en tu vida, finalmente él lo notará. Podrías hablar con tus amigas sobre esto, pero eso le impediría a él conocer los anhelos de tu corazón, y le llevaría a creer que tus amigas son más importantes para ti que él. O podrías ocultarlo y terminar por enojarte con él porque no te sientes como quisieras. De cualquier manera, este esfuerzo de protegerte de algo que te provoque más dolor y presión, generalmente hace que él se aleje más de ti. Él no se siente respetado. Y tu manera sutil y no tan sutil de lanzarle indirectas sobre las cosas que piensas que él ya debería saber —las cosas que realmente te importan—, en realidad lo separa de ti. Él no entiende qué quieres tú, tú no entiendes por qué él está distante, y el amor se apaga.

> Para poder comunicarnos mejor, debemos reconocer que todos percibimos la vida de diferente manera, y usar este conocimiento como una guía para nuestra comunicación con los demás.
>
> ANTHONY ROBBINS

Por favor, entiende que esto es más que un problema de comunicación. Prácticamente todas las parejas en ocasiones están demasiado ocupadas para hablar de cosas importantes. Eso es natural. Pero cuando la no comunicación se convierte en la norma, algo más profundo anda mal. Ya no nos sentimos seguras con aquel que amamos. Y ya no nos sentimos amadas y libres, al menos no con nuestro esposo.

Perdón por mis analogías trilladas, pero algunas mujeres se parecen a tortugas, que se esconden dentro de su caparazón para que no las vuelvan a herir. Algunas se parecen a volcanes, que lanzan lava caliente de enojo a cualquiera que se atreva a no cumplir con sus expectativas. Algunas se parecen a un delicado jarrón lleno de flores, con la esperanza de que su esposo las note, las proteja y las trate con cuidado. Y algunas se parecen a la Mujer Maravilla, y tratan de reparar todos los daños y resolver todos los problemas para mostrar que, después de todo, son realmente importantes.

Cuando esto sucede —cuando no nos comunicamos—, dejamos de sentirnos seguras. Y al poco tiempo estamos viviendo emocionalmente distantes del hombre con el que nos comprometimos a compartir la vida para siempre. Peor aún, podríamos comenzar a buscar esos sentimientos de seguridad en otro lugar. Nuestra mente comienza a atormentarse con la pesadilla de "qué pasa si" y con sospechas sobre lo que nuestro esposo puede estar pensando y haciendo. O nos mudamos a un mundo de fantasía y nos evadimos por medio de las novelas románticas y los programas diurnos de la televisión. O nos encontramos emocionalmente absortas (tal vez incluso físicamente) en los brazos de otro hombre. Pero las pesadillas, las fantasías y los flirteos nunca son sustitutos gratificantes de una relación sana.

## ¿Cómo te calificarías?

Considera estos tres impedimentos para una comunicación eficaz, y pregúntate si alguno de ellos está deteniendo el progreso de tu relación humana más importante: tu relación con el hombre que amas:

1. Estás tan sobrecargada de responsabilidades y compromisos que has perdido de vista las cosas simples de la

vida. Evalúa tus compromisos y determina cuáles son
tus prioridades y cuáles deberían ser.
2. Estás agobiada por la vergüenza, el enojo o la amargura.
Recuerda que estamos tan enfermas como nuestros secretos. Identifícalos, ora por ellos, habla con una amiga
o una mentora de confianza, y comienza a dar pasos
para ser libre de esa carga.
3. No apartas tiempo. Tal vez tienes tiempo para hablar
con él, pero lo ocupas con llamadas telefónicas, la televisión, salidas de compras, deportes, amigas y otras actividades. Cuando excluyes a tu cónyuge así, comprometes
tus sentimientos de seguridad, y tu amor se debilita.

## Cuando te sientes segura

Déjame mostrarte el origen de esto. Génesis 2:25 dice: "Ahora bien,
el hombre y su esposa estaban desnudos, pero no sentían vergüenza".
Hoy podríamos decir que ambos podían contar el uno con el otro.
Esto puede sucederte solo cuando te sientes segura, y sentirte segura incluye tener el valor de acercarte a tu esposo con sinceridad y esperanza.
No solo con sinceridad; muchísimas parejas se echan la "verdad" en
cara con respecto a los errores y hábitos molestos de uno y otro. Esa
clase de sinceridad no produce un entendimiento ni estimula el amor
o la seguridad, sino tan solo corazones heridos y resentimiento.

## Lo que espero para ti

En este libro veremos diez asuntos importantes en las relaciones,
que explican por qué las parejas simplemente no hablan; especialmente cuando la vida no parece estar yendo de la manera en que
debería. Estudiaremos temas que van del pasado al futuro, de lo mun-
danal a lo sublime. Si aprendemos a comunicarnos mejor con nuestro
esposo, nos sentiremos más seguras, más amadas y más unidas a él.
No permitiremos que los secretos contaminen nuestra relación, porque afrontaremos las dificultades antes de que puedan causarnos un
verdadero daño.
En estas páginas, encontrarás algunas sugerencias prácticas que te
ayudarán a dar pasos decididos para entablar conversaciones impor-

tantes, y también descubrirás algunas revelaciones sobre la manera de pensar (o no pensar) de los hombres.

## Cinco principios básicos para comenzar

*1. ¡Tú no puedes hacer que él cambie!* La única persona a la que puedes cambiar eres tú. Tu esperanza de un mañana mejor en Cristo está frente a ti cada mañana delante del espejo. Cuando interactúas con tu esposo, solo puedes controlar tus propias expectativas, pensamientos, palabras y comportamiento. Puedes decir la verdad en amor, ofrecerte a dar un paso hacia una intimidad más profunda, y ver qué pasa. Este es un proceso que atraviesas paso a paso.

*2. El cambio necesita de ambos.* Aun durante el conflicto, las conversaciones con tu marido deberían ser sinceras, respetuosas y hacerse en amor (Efesios 4:26, 29, 32). Procura que tu conversación tenga un propósito y un objetivo específicos, y que carezca de intenciones ocultas. Y sé sensible para saber cuál es el momento oportuno (no hables de una situación difícil a la hora de la cena). En situaciones inestables, esto puede ser difícil. Santiago 1:19 nos dice: "todos ustedes deben ser rápidos para escuchar, lentos para hablar y lentos para enojarse". Proverbios 18:13 señala lo necio y vergonzoso que es precipitarse a responder antes de escuchar y entender los hechos.

Yo creo en la intimidad espiritual, porque el verdadero crecimiento como marido y mujer es imposible alejados de Dios. Leer un devocional juntos y orar juntos el uno por el otro los acerca más a Dios y se acercan más el uno al otro.

*3. Las exigencias no sirven de nada.* Algunas mujeres están profundamente heridas, y las personas heridas a menudo quieren que otros intervengan y sanen sus heridas de manera inmediata y total. Incluso el solo hecho de pensar en estos asuntos puede tentar a algunas mujeres a comenzar a hacer exigencias. Y te aseguro que eso no mejorará tu relación con tu esposo. Si sientes deseos de hacerle exigencias, haz un alto, busca a una amiga o consejera con quien puedas hablar, y resuelve algunas de las heridas que impulsan esas exigencias.

*4. Amar a alguien requiere humildad, que es una actitud del corazón.* El famoso pasaje del amor de 1 Corintios 13 describe el amor como paciente y bondadoso. No es celoso ni fanfarrón, ni orgulloso, ni ofensivo. No exige que las cosas se hagan a su manera. No se irrita ni lleva un registro de las ofensas recibidas. No se alegra de la injusticia, sino que se alegra cuando la verdad triunfa. Nunca se da por vencido, jamás pierde la fe, siempre tiene esperanzas y se mantiene firme en toda circunstancia. Este pasaje ejemplifica la actitud de corazón necesaria para que la relación matrimonial sea buena y satisfactoria.

*5. Deja que Dios haga su obra en tu vida y tu corazón.* Él no se equivocó cuando nos hizo varón y mujer, y creó el matrimonio para que dos personas pudieran llegar a ser una. Yo creo que Dios se deleita en cada paso decidido que damos para ser sinceras con Él y con nuestro esposo sobre las cosas que hay en nuestro corazón, y se conmueve cuando en el proceso somos pacientes y bondadosas, y perdonamos. El matrimonio es una matriz compleja de deseos, esperanzas y decisiones. En algunas relaciones, un pequeño ajuste puede servir de mucho, pero otras necesitan un gran reacondicionamiento. De algo puedes estar segura: Dios te tiene justamente donde quiere que estés. Él es bueno, fuerte y amable, y te ayudará a dar los pasos necesarios para edificar una relación más amorosa y duradera con el hombre que amas.

Mi objetivo con este libro y lo que espero para ti es que Dios use las historias y los conceptos para inspirarte, motivarte y animarte. A medida que des incluso los pasos más pequeños, estarás edificando un fundamento de confianza. Con ese fundamento, todo es posible; sin él, nada significativo y bueno puede suceder. El entendimiento y la confianza crean un lugar maravillosamente seguro, donde dos personas pueden comprenderse la una a la otra, descubrir los propósitos de Dios y la aventura de la vida mejor que nunca. Esta clase de relación estimula la creatividad, alivia las heridas diarias y promueve la risa y el amor que nos ayudan a seguir adelante en medio de las vicisitudes de la vida.

Comunicación, seguridad y amor. De eso trata este libro. Oro para que Dios te dé el entendimiento y el valor de dar estos pasos conmigo.

# 1

# Lo que te molesta de él

*La mayoría de los esposos me recuerdan a un orangután que intenta tocar el violín.*

HONORÉ DE BALZAC

TÚ HAS JUGADO A DESHOJAR LA MARGARITA. La mayoría de las muchachas que conozco han jugado a eso. A veces jugamos desde que estamos en el jardín de infantes. "Me ama, no me ama... me ama, no me ama...". A medida que los pétalos de la margarita caen a tierra, el corazón de la muchacha se enamora. Y generalmente ni siquiera tiene que ver con el muchacho. Aunque él ni siquiera esté interesado, ella se enamora de la idea de ser amada.

Avanza rápidamente veinte años. Las fantasías del jardín de infantes han derivado gradualmente en grandes esperanzas y expectativas, y en la capilla del amor. Una novia camina por el pasillo de la iglesia con la confianza de que se ha enamorado del hombre de sus sueños. A medida que ella se acerca, él se mantiene erguido en el altar. Su sueño se ha hecho realidad.

La boda es espectacular (en todo caso, la mayoría). Y la luna de miel... [censurado]. Sí, la luna de miel también es maravillosa; pero durante ese tiempo comienzan a filtrarse algunas sospechas, y ella comienza a dialogar internamente: *No, él no es realmente así*. Poco a poco, algunas de sus efímeras sospechas demuestran ser verdad. Un mes o dos después de la boda, ella se levanta una mañana, mira al mastodonte peludo que está a su lado, y piensa: *¿Qué rayos hice?* Cuando finalmente nos damos cuenta de que la vida no era un cuento de hadas, algunas quedamos desechas. Pero la mayoría simplemente disminuye sus expectativas, cierra la boca (bueno, la mayor parte del tiempo) y trata de sacar lo bueno de las cosas. Sin embargo, algunas de las frustraciones permanecen. Tratamos de reprimirlas tanto como podemos, pero de vez en cuando esas pequeñas cosas molestas que nuestro esposo hace son como fósforos que se arrojan a un barril de gasolina: ¡Nada bonito!

> La luna de miel es el único periodo en el cual la mujer no trata de reformar a su marido.
> EVAN ESAR

Bueno, tal vez no podemos culpar de todas esas cosas molestas a los hombres, pero aquí hay algunos comentarios que las mujeres a menudo hacen sobre los hombres. Se dividen en dos categorías distintas: molestias menores y frustraciones genuinas.

## Molestias menores

Durante el noviazgo, la mayoría de las mujeres no tenía idea de que su futuro esposo…

- Acabaría el papel higiénico y no lo remplazaría.
- Dejaría migas y restos de papas fritas sobre el sofá cada noche.
- Bebería leche directamente del envase y lo volvería a colocar en el refrigerador.
- Dejaría su ropa interior sucia por todo el dormitorio y el baño.
- Dejaría sus toallas apestosas como un basurero de residuos tóxicos.
- Dejaría el envase del dentífrico chorreando sobre el lavamanos.

- Se deglutiría en tres minutos la cena que ella estuvo horas preparando.
- Le diría: "¿Eh?" después que ella le abriera su corazón.
- Pensaría que ella no escucha (o no huele) sus flatulencias cada vez que le urge la necesidad.
- Creería que todas estas cosas son lindas.
- _____

(llenar el espacio en blanco).

Si eres como yo, este "lindo" comportamiento te pone los nervios de punta. Pero con los años, he aprendido que tengo que tener cuidado cuando respondo a las molestias menores. Y recordar que son molestias menores. Por muy pocas cosas vale la pena discutir, y te puedo asegurar que ninguna de las cosas mencionadas anteriormente forman parte de esa breve lista. Si esto te preocupa, prepárate porque hay más.

## ¿Qué deben hacer las mujeres?

Señoras, tenemos tres opciones.

*Primera opción*: Podemos tratar de ignorar lo que hace nuestro esposo y esperar que de alguna manera, con el tiempo, cambie mágicamente. He conocido a muchas mujeres que pensaban que ese hombre descuidado que vivía con ellas, de una u otra manera cambiaría como por un proceso de ósmosis. Desdichadamente, eso no va a suceder. Lo sé. Yo lo he intentado y no ha dado resultado. Tim necesitó más que un proceso de ósmosis o la varita mágica de un hada. El silencio y la magia son malas herramientas para resolver los problemas, pero infinidad de mujeres lo intentan con ellas cada día.

> "Mi esposo dice que me abandonará si no dejo de ir de compras. El Señor sabe cuánto extrañaré a mi esposo".

*Segunda opción*: La mayoría de las mujeres usa la siguiente: los atosigamos. Pensamos que si se lo decimos muchas veces con un gesto de fastidio y rezongamos todo el tiempo, él cambiará. Cuando decirlo de buena manera no da resultado, levantamos la voz con un tono exigente o ruegos patéticos. Muchas veces, los hombres no lo pueden soportar. Ceden y hacen lo que les pedimos: durante un día o una semana o, tal vez, incluso un mes; pero no por mucho tiempo más. Como es de esperar, ellos se resienten con nosotras por atosigarlos, y se vuelven agresivo-pasivos o totalmente resistentes. Nuestras amenazas, exigencias, ruegos y otras formas de atosigamiento podrían tener beneficios de corta duración, pero siempre tienen un costo excesivamente prolongado. Varias veces en el libro de Proverbios, Salomón da consejos como este a los hombres: "Es mejor vivir solo en un rincón de la azotea que en una casa preciosa con una esposa que busca pleitos" (Proverbios 21:9).

No te confundas. Cuando un hombre se siente obligado a acceder a las exigencias de una esposa que le atosiga todo el tiempo, la relación generalmente se deteriora, no se fortalece. La confianza se va desgastando lentamente y se produce un distanciamiento. Puede que él esté en la casa, pero como dijo Salomón, ¡la vida podría ser mejor para él en un rincón de la azotea! Cuando insistimos en atosigar a nuestro esposo para doblegarlo, complicamos un problema menor y lo convertimos en un problema grave para la relación, como el distanciamiento, la evasión y el desgaste de la confianza. No seas como la esposa que busca pleitos con el esposo en la azotea. Tus vecinos comenzarán a hacerse preguntas.

*Tercera opción*: Di la verdad en amor. Una mejor manera de tratar una molestia relativamente menor es determinar cuán importante es el asunto para ti y si vale la pena ocuparse de eso. Si lo es, habla con tu esposo sobre eso *en amor*, explícale tu perspectiva, pídele que cambie y acepta lo que logres. Recuerda: esto concierne a problemas menores, no a problemas graves. En algún momento, tenemos que aceptar a las personas tal como son sin exigirles que encajen en los moldes que hemos creado para ellas.

Sí, sé que hay muchos libros que hablan de entrenar a los hombres como entrenaríamos a un perro. Puede que eso sea inteligente, pero es destructivo. Mi consejo es que comiences a hacer una lista de cosas que te molestan de él. Luego habla con él sobre la primera cosa de la lista —no de las cien primeras, no de las diez primeras y ni siquiera de las dos primeras—, solo de una. Recuerda que tú no eres su madre, sino su esposa. Él necesita sentirse seguro contigo.

Cuando hables con él, trata de quitar cualquier tensión al decir algo como: "Sé que para ti esto no es tan grave, y para mí tampoco lo es; pero agradecería si tú…". Si él se pone a la defensiva, su respuesta revela un conflicto subyacente en la relación que es mucho más importante que el hábito molesto, y es necesario abordar ese conflicto. No te alarmes. Este es un momento maravilloso para cambiar de tema y hablar de ustedes dos, de la confianza y comunicación entre ustedes, y de lo que ambos quieren en la relación.

Demasiadas mujeres permiten que pequeños disgustos se conviertan en exigencias que provocan graves daños en la relación. Procura que los asuntos menores sigan siendo menores. Habla de ellos, pero nunca atosigues a tu marido, especialmente en público. Él sentirá que le faltas al respeto. Tú te sentirás rechazada. Y ninguno de los dos se beneficiará de ello. Aunque consigas lo que quieres, habrás perdido.

## Frustraciones genuinas

Para algunas de nosotras, el dentífrico, el papel higiénico y la ropa interior no tienen ninguna importancia. Nuestra percepción del dolor es mucho más profunda. Estamos frustradas y heridas, y a veces tenemos ganas de rendirnos. Mujeres de todo el país me han contado historias de profundos desencantos. Estas son algunas.

> El amor es como un rompecabezas. Cuando estás enamorada, todas las piezas encajan bien; pero cuando tu corazón se rompe, lleva tiempo volver a unir las piezas.

1. *"Se desentiende de mí"* o *"Está obsesionado con el trabajo"*. Estrés financiero, hijos descarriados, problemas de salud y un sinnúmero de otras dificultades pueden ser los culpables, así como la obsesión por las promociones y los ascensos sociales. Él pasa menos tiempo contigo, y aunque esté físicamente presente, su mente parece estar a un millón de kilómetros de distancia.

2. *"No habla (o no puede hablar) de las cosas que realmente me importan"*. Esta podría ser la queja más común entre las mujeres. Anhelamos que nuestro cónyuge entre a nuestro mundo y hable de las cosas que más nos importan. Cuando éramos novios, tal vez él mostraba indicios

de poder hablar a un nivel profundo, o tal vez dábamos por sentado que aprendería. O incluso, tal vez ni siquiera nos dábamos cuenta de cuán importante es este asunto. Pero ahora nos sentimos heridas por su incapacidad para llegar a nuestro corazón. Y en nuestro dolor, nos volvemos más exigentes, o nos metemos en nuestro propio mundo de amigas que realmente nos entienden. De una manera u otra, agravamos el problema.

*3. "No me valora".* Algunas mujeres se sienten más como una combinación de sirviente y prostituta que como una esposa valorada. ¡Con razón se sienten frustradas! Unas pocas palabras de aprecio significan mucho para nosotras, pero cuando no las escuchamos a menudo, el resentimiento comienza a introducirse en nuestro corazón. Podemos vivir con nuestro esposo bajo el mismo techo y aun así seguir sintiéndonos emocionalmente abandonadas. Los psicólogos dicen que el abandono puede ser tan difícil o incluso más difícil de sanar que el abuso. Cuando nos abandonan, de alguna manera damos por hecho que desde un principio nunca fuimos dignas de ser amadas.

*4. "Es dominante y exigente".* Esto es lo opuesto a los hombres pasivos que no toman ninguna iniciativa con las mujeres. En este caso, el hombre de nuestra vida espera ser el centro de nuestro mundo y que hagamos todo por él. Puede que trabaje duro e incluso que haga muchas cosas en la casa, pero siempre espera que sus necesidades sean nuestra prioridad. Solíamos admirar esta clase de fortaleza en él cuando éramos novios, pero ahora parece ser una fortaleza sin amor. Algunas mujeres en esta clase de relación tratan de disminuir el nivel del conflicto y se vuelven pasivas y complacientes. Otras se vuelven desafiantes y reacias, lo cual produce una mezcla explosiva que usualmente da lugar a reputaciones dañadas y corazones rotos.

*5. "Cuando yo lo busco, él se aleja".* ¿Qué les pasa a algunos hombres que tienen que sentir como si tuvieran el control total? ¿Por qué ciertas conversaciones están terminantemente vedadas? Pueden ser felices y estar seguros hasta que decimos algo inocente, como: "Cariño, me gustaría hablarte de algo". De repente, ante cualquier percepción de intimidad se vuelven débiles y defensivos y se vuelcan en su trabajo, la televisión, sus amigos, el aire libre o los deportes para sentirse seguros.

## ¿Hay esperanza?

Sin duda, estas son grandes frustraciones, pero no tienen que arruinar la relación. El camino de la sanidad para las mujeres que se relacionan con hombres como estos incluye dolor, perdón, una nueva perspectiva y mejores habilidades de comunicación. Vivir con hombres que no nos valoran, que están obsesionados por el trabajo o están deprimidos, que insisten en ser el centro del universo o que no pueden hablar de cosas importantes, nos hiere profundamente.

A veces pensamos que el dolor se relaciona solo con la muerte de alguien que amamos, pero necesitamos llorar todas las pérdidas importantes, incluso las heridas que hemos mencionado en esta sección del capítulo. Al ser sinceras con el dolor que hemos experimentado, podemos decidir perdonar a aquellos que nos han herido. El perdón no es un sentimiento; es una decisión de negarse a tomar venganza al murmurar sobre alguien, atacarlo verbalmente o usar cualquier otra arma en contra de él. El dolor y el perdón van de la mano. Ambos implican sinceridad y valor, y ambos requieren un proceso de sanidad. Si persistimos en ellos, el sentimiento de alivio tarde o temprano llegará.

> Dios, concédeme la serenidad para aceptar las cosas que no puedo cambiar, el valor para cambiar aquellas que puedo, y la sabiduría para reconocer la diferencia.
>
> ORACIÓN DE LA SERENIDAD

Cuando estamos sanas emocionalmente, obtenemos una nueva perspectiva. Aprendemos a ver el vaso medio lleno en vez verlo medio vacío. El resentimiento gradualmente da lugar al agradecimiento, y aprendemos a confiar en que Dios usará cada circunstancia en nuestras vidas para moldearnos a la imagen de su Hijo. Este no es un camino fácil, pero Dios nunca prometió que la vida sería fácil; solo que estaría con nosotros y que Él usaría cada experiencia para el bien de nuestras vidas, aun aquellas que son más dolorosas y frustrantes. En su libro *The Healing Path* [El camino de la sanidad], el psicólogo Dan Allender describe la percepción espiritual que podemos tener aun sobre los sucesos más dolorosos de nuestra vida.

Si no nos adelantamos a pensar detenidamente cómo responderemos al estrago de vivir en un mundo caído, el dolor puede que no sirva de nada. O nos insensibilizará, o bien nos destruirá en vez de purificarnos e incluso bendecirnos… La sanidad en esta vida no es la solución de nuestro pasado; es el uso de nuestro pasado para introducirnos en una relación más profunda con Dios y sus propósitos para nuestra vida.[1]

Pocas mujeres pueden obtener, por su propia cuenta, esta nueva perspectiva llena de fe. Necesitamos amigas que hayan experimentado lo mismo que nosotras, o consejeras capacitadas que puedan ayudarnos a procesar el dolor y encontrar verdadera esperanza para el futuro. Dios nunca quiso que atravesáramos este difícil proceso solas. Él nos da personas maravillosas que pueden ayudarnos a tener valor para dar los pasos necesarios.

> Hace años que no hablo con mi esposa. No la quiero interrumpir.
>
> RODNEY DANGERFIELD

## ¡Habla con tu esposo!

No, no me he olvidado de esto. La última pieza del rompecabezas es adquirir importantes habilidades de comunicación. Recomiendo un patrón simple, pero profundo: *siento, quiero, prometo*.

Cuando queremos hablar con el hombre que nos hace sentir tan frustradas, podemos decir algo como esto:

> Me siento herida [o enojada, o temerosa, o confundida, o cualquier cosa que sientas realmente] cuando pasa esto [descríbelo claramente]. Quiero una relación basada en la confianza y el respeto, y estoy segura de que tú también. Hoy quiero hacer el compromiso contigo de valorar nuestra relación lo suficiente para ser sincera contigo cuando me sienta herida, para que podamos resolver las cosas entre

nosotros antes de que empeoren. Prometo no provocarte ni fastidiarte. Solo quiero amarte lo mejor que pueda, y quiero que tú me ames. Me enfocaré en las cosas que realmente importan y cambiaré lo que tenga que cambiar para que ambos podamos sentirnos seguros. ¿Estás dispuesto a colaborar conmigo?

Y luego escucha. Es probable que tu esposo se sienta tan incómodo con la conversación como tú, así que no esperes la perfección. Woody Allen dice que el 90% del éxito en la vida se basa en aparecer. De igual modo, el 90% del éxito en estas conversaciones se basa en entablarlas. No te preocupes si no dices las cosas perfectamente o no respondes bien. ¡Y no te enojes si la primera conversación no resuelve por completo el problema que se ha estado originando entre ustedes por muchos años! Da el paso, dile la verdad en amor y escucha pacientemente.

Y a propósito, nada de esto cambiará si primero no estás dispuesta a dejar de culpar: a ti misma o a él. Algunas mujeres son como esponjas de culpa y absorben toda la responsabilidad a fin de disminuir el nivel de conflicto y acabar con ello lo más rápidamente posible. Otras echan la culpa y acusan a otros, y se niegan a aceptar cualquier parte de la responsabilidad. Sé sincera contigo misma sobre esto. ¿Qué clase de persona eres tú? ¿A quién sueles echarle más la culpa, y cuándo es más probable que lo hagas? Toma un momento para pensar en cualquier corrección que necesites hacer.

Recuerda que tú no puedes hacer que él cambie. Primero enfócate en ti misma y no exijas un cambio en él. Asume la parte de responsabilidad que te toca, acepta tu participación en el problema y pide perdón por tus pecados y errores. Este proceso no tiene garantía, pero muchas veces cuando una persona pide perdón, la otra se siente libre de dejar su actitud defensiva y aceptar también su responsabilidad.

El "factor de ataque verbal" es una dinámica destructiva en las relaciones difíciles. Cuando una persona se vuelve susceptible o indecisa —a veces aunque sea por un segundo—, otra persona intimidante podría aprovechar la oportunidad de atacarla. Vemos que esto sucede en toda clase de relaciones: con otras mujeres, en el trabajo y en el hogar. Las víctimas podrían doblegarse o escaparse para detener el ataque, pero lo recordarán; y sí que lo recordarán. Y esta dinámica no está limitada a los hombres hambrientos de poder que atacan a la débil esposa. Los hombres podrían ser leones en el trabajo, pero cuando entran a la casa y se dan cuenta de que están en presencia de una domadora de leones, podrían volverse pasivos o resistentes. Cualquier respuesta podría provocar que estallen de ira. El ataque verbal no siempre incluye mostrar los dientes y mirar fijamente. Algunas mujeres atacan verbalmente a su esposo con sus quejas incesantes, sus exigencias patéticas y sus expectativas irreales de atención y afecto.

> Yo alabo en voz alta y critico en voz baja.
>
> CATALINA LA GRANDE

El dolor aumenta el nivel de las exigencias, y este es uno de los mayores problemas en las relaciones tirantes. Cuanto más sufrimos, más esperamos que las personas que nos hieren remedien nuestro dolor. Cuando no lo hacen (o percibimos que no lo hacen), nos sentimos aún más heridas, y nuestras exigencias aumentan consecuentemente. Como puedes ver, esto simplemente no tiene sentido, pero muchas mujeres seguimos este camino como si fuera el evangelio. En vez de esperar que los hombres llenen nuestro corazón, necesitamos mirar primero al Señor, el único que nos conoce íntimamente, que nos ama profundamente y que está presente con nosotras todo el tiempo. Nuestra necesidad más profunda es conocerle, y Él es nuestra mayor fuente de sabiduría y fortaleza para nuestra relación con el hombre de nuestra vida.

## El cónyuge ideal

Piensa en esta pregunta por un momento: ¿Qué es lo más grande que pierdes cuando te casas? Para la mayoría de las mujeres, se me ocurren cosas como la independencia, la autonomía, la libertad financiera y el tiempo con las amigas y la familia. Y en cierto grado, perdemos estas cosas. Nuestras decisiones ya no nos afectan solo a nosotras, sino también a nuestro esposo. El compromiso llega a ser parte de nuestra vida diaria.

Pero ya sea que nuestros desencantos sean menores o mayores, nuestras frustraciones relativamente leves o devastadoras, las mujeres inevitablemente perdemos algo más cuando nos comprometemos con nuestro marido. Podríamos reconocerlo en la consejería prematrimonial, pero demasiado a menudo, en ese momento somos ilusas. La mayoría de las mujeres no siente esta pérdida hasta un mes o dos después de volver de la luna de miel. Nos despertamos, miramos a nuestro marido y nos preguntamos qué hemos hecho. En ese momento, sentimos en lo profundo de nuestra alma que el sueño se ha hecho añicos. Hemos perdido nuestro sentimiento del esposo ideal.

Y ¿cómo van las cosas con tu Príncipe Azul? Creo adivinar que has tenido bastantes desencantos a lo largo del camino. Espero que todas hayan sido molestias menores, pero tal vez sean más profundas y más preocupantes que eso. Cuando te topes con una pequeña molestia, no atosigues a tu esposo hasta doblegarlo. Yo lo intenté con Tim en los primeros años de nuestro matrimonio, y después de una breve separación y demasiadas lágrimas, me di cuenta de que atosigarlo nunca iba a dar resultado. Acepta a tu marido como es, pero con un espíritu de amor, pídele con libertad que cambie un aspecto de él que te molesta. Si ves que forma un nuevo hábito positivo, habla de otro aspecto que quieras que cambie después que haya pasado un tiempo prudencial. (¡Dale más que solo un día o una semana!)

## ¿Acaso se impacienta Cristo contigo?

Pablo escribió a los romanos: "acéptense unos a otros, tal como Cristo los aceptó a ustedes, para que Dios reciba la gloria" (Romanos 15:7). ¿De qué manera te acepta Cristo? ¿Se impacienta contigo cuando haces algo que a Él no le agrada? En los relatos de los Evangelios, ¿acaso atosigaba a las personas hasta que finalmente accedían a hacer lo que Él quería que hicieran? Para nada. Él veía más allá de la multitud de sus pecados y errores, y se enfocaba en sus corazones. Eso es lo que le importa a Él de ti, y cuando tú y yo experimentamos más de su amor, aceptación y perdón, el corazón del hombre de nuestra vida nos importará mucho más que sus insignificantes rarezas.

Pero si el hombre de nuestra vida nos está causando heridas mucho más profundas, necesitamos profundizar en el amor y la sabiduría de Dios para saber cómo responder. Aun así, necesitamos amarlo y respetarlo, pero amarlo incluye decir la verdad en amor y ofrecer un camino hacia un genuino entendimiento y sentimiento de seguridad. Puede que el camino sea largo y difícil, pero si las personas están dispuestas a permanecer en él, los milagros pueden suceder. Lo sé. Lo he visto en mi relación con Tim.

## En la Palabra: Aplicación práctica

Servicios de hamburguesas en el propio auto, cajero automático para retirar dinero, sobres individuales de café instantáneo… sin duda, vivimos en una cultura acelerada. Queremos lo que queremos cuando lo queremos, y ese cuándo ¡es *ya*! ¡Instantáneamente! Y eso incluye el cambio que esperamos ver en el hombre de nuestra vida. Tratamos de convencernos de que él cambiará. *¡Tal vez, si esta noche duermo al revés con mis pies en la cabecera de la cama, mañana me despertaré y él habrá cambiado!* Parece una locura, lo sé, pero también lo es creer que nosotras podemos cambiarlo. Cuando nuestras expectativas no se cumplen y él sigue haciendo las mismas cosas una y otra vez, nos frustramos.

Si tú te aferras a la creencia de que *él* es el responsable de hacerte feliz, nunca estarás de buen humor cuando te despiertes en la mañana; al menos no cuando te encuentres con un esposo gruñón, el síndrome premenstrual o un niño enfermo. Pero piensa en esto: ¿Cuán realistas estamos siendo cuando esperamos que nuestro esposo dé el primer paso o cuando esperamos que las molestias y frustraciones de las que hemos hablado simplemente desaparezcan?

Un buen matrimonio toma tiempo, sabiduría, oración y compromiso. Y esta es la gran noticia: ¡*Puede* suceder! Yo sé que puede, porque la Palabra de Dios lo dice. Dios creó el matrimonio para que sea una relación hermosa, maravillosa y gratificante; pero también tiene el potencial de ser infernal. ¿Cuál es la diferencia? Comienza cuando miramos para adentro. Como hemos visto en este capítulo, las molestias y frustraciones pueden provocar muchos conflictos.

En la próxima sección, veremos en la Palabra de Dios maneras prácticas de tratar nuestras frustraciones.

### Quién eres

Tu nombre podría ser Sra. Suárez, Sra. Marrone o Sra. Svetlana Kuznetsova (¡un nombre real!), pero puedes saber que eres mucho más que tan solo la Sra. Tal y Tal. Si eres creyente en Jesucristo, la Palabra de Dios dice que eres una hija de Dios: "Miren con cuánto amor nos ama nuestro Padre que nos llama sus hijos, ¡y eso es lo que somos!" (1 Juan 3:1). Haz una pausa y di estas verdades en voz alta, tres veces: "Dios dice que soy preciosa y de gran estima para Él, y que me ha amado con amor eterno" (ver Isaías 43:4 y Jeremías 31:1). ¡Tú eres de la realeza! De hecho, la Palabra de Dios está llena de declaraciones sobre quién eres como hija de Él. Aquí hay algunas más que puedes decir en voz alta.

- "Soy la obra maestra de Dios" (Efesios 2:10).
- "Soy heredera junto con Cristo" (Romanos 8:17).
- "Soy más que vencedora por medio de Cristo" (Romanos 8:37).
- "Soy perdonada de todos mis pecados" (Efesios 1:7).
- "Soy libre de la ley del pecado y la muerte" (Romanos 8:2).
- "Soy hecha justicia de Dios en Cristo Jesús" (2 Corintios 5:21).

Podemos caer fácilmente en la trampa de definirnos conforme a la relación que tenemos con nuestro marido, pero cuando realmente entendemos que *esto* es lo que somos, también comenzamos a ver a nuestro marido de manera diferente. Si colocamos nuestra identidad en el hombre que amamos, seguiremos sintiendo la necesidad compulsiva de ser aprobadas por él. Eso nos sitúa en una posición precaria, porque dependemos de él para ser felices. ¡Nuestras frustraciones pueden fácilmente ser exageradas cuando los simples errores de nuestro marido hacen añicos nuestro frágil mundo!

## El poder de tus palabras

La lengua humana promedio pesa entre 60 y 70 g., ¡pero lo gracioso es que muy pocas de nosotras somos capaces de dominar nuestra lengua! "La lengua puede traer vida o muerte" (Proverbios 18:21). Está bien, tal vez no hayas *asesinado* a nadie con tu lengua, pero la Palabra de Dios enfatiza reiteradas veces lo poderosas que son nuestras palabras, para bien o para mal.

De la misma manera, la lengua es algo pequeño que pronuncia grandes discursos. Así también una sola chispa, puede incendiar todo un bosque. Y la lengua es una llama de fuego. Es un mundo entero de maldad que corrompe todo el cuerpo. Puede incendiar toda la vida, porque el infierno mismo la enciende. El ser humano puede domar toda clase de animales, aves, reptiles y peces, pero nadie puede domar la lengua. Es maligna e incansable, llena de veneno mortal (Santiago 3:5-8).

Por eso Pablo dice a los creyentes en la iglesia de Éfeso que cuiden de su propia lengua y no señalen: "No empleen un lenguaje grosero ni ofensivo. Que todo lo que digan sea bueno y útil, a fin de que sus palabras resulten de estímulo para quienes las oigan" (Efesios 4:29).

Piensa en el poder que tienes de apalear a tu esposo o bien de edificarlo. Su actitud y sus sentimientos de seguridad en la relación a menudo aumentan o disminuyen sobre la base de si se siente un fracasado o alguien que se lleva el mundo por delante. Créeme; te conviene un hombre que se lleve el mundo por delante.

En la batalla por nuestras relaciones, nuestra arma más poderosa podría ser nuestra lengua. Cuando nuestras palabras son groseras u ofensivas, "[entristecemos] al Espíritu Santo de Dios" (Efesios 4:30). En vez de atosigar a nuestro marido y señalarle todo el tiempo sus rarezas, debemos decidir conscientemente alentarlo más que criticarlo. Estas son algunas maneras de hacerlo:

- Aprende a escucharlo (Santiago 1:19).
- Reflexiona y piensa en lo que él dice (Proverbios 15:23)
- Sé sensible y respetuosa (Efesios 4:31). ¡El respeto es el combustible de su relación!
- Dile la verdad, pero siempre en amor. Refrena tus emociones (Colosenses 3:9).
- No respondas enojada (Efesios 4:26, 31).
- Confiésate con él y perdónalo (Efesios 4:32).

Puede que pienses: *Julie, es que tú no le conoces. ¡A veces es tan insopor-*

*table!* Te entiendo; como dije, refrenar nuestra lengua no es fácil. Tim puede ser *muy* difícil de complacer a veces (perdón, cariño). Muchas veces, contenerme de hacerle comentarios hirientes es lo último que quisiera hacer. Pero Pablo dice que todo vuelve a Dios. Dios nos perdonó (Efesios 4:32), de modo que podemos seguir su ejemplo y rechazar nuestro deseo de demostrar a nuestro esposo que está equivocado al mostrarle amor a través de lo que *no* le decimos y lo que *sí* le decimos.

## La palabra que empieza con P: *Pelea*

Pelear es una de las cosas que más tememos las esposas. Pero déjame decirte algo: todo matrimonio tiene frustraciones. Todo matrimonio tiene conflictos. La pregunta no es *si tienen* discordias y pelean, sino *¿cómo* pelean? Ser amable y considerada es fácil en los momentos románticos; pero bajo presión, podemos perder el control de las emociones difíciles. Pueden ser tan caóticas como una olla que hierve y se desborda o un tubo de dentífrico fuertemente retorcido. En esos momentos, cuando lo último que queremos hacer es amar a nuestro esposo, ¡necesitamos hacer un alto y respirar hondo!

En vez de estallar, acusarlo o cerrarnos, debemos tomar la decisión consciente de apartar nuestras emociones por un segundo y ver más allá. El apóstol Pablo escribe: "No sean egoístas; no traten de impresionar a nadie. Sean humildes, es decir, considerando a los demás como mejores que ustedes. No se ocupen sólo de sus propios intereses, sino también procuren interesarse en los demás" (Filipenses 2:3-4).

Pablo no está diciendo que deberíamos desvalorizarnos. Antes bien, está diciendo que todos necesitamos pensar en los demás en nuestra vida. Seamos realistas: por naturaleza tendemos a pensar mucho en nosotras mismas. Y bastante. Puede que pienses: *Bueno, pero yo no quiero pensar en ese imbécil primero. Tengo que cuidar de mí misma.*

Comprende que tu relación abarca mucho más que a ustedes dos. Pablo sigue escribiendo: "Tengan la misma actitud que tuvo Cristo Jesús. Aunque era Dios, no consideró que el ser igual a Dios fuera algo a lo cual aferrarse. En cambio, renunció a sus privilegios divinos; adoptó la humilde posición de un esclavo y nació como un ser humano" (versículos 5-7). ¡Jesús pasó toda su vida terrenal sirviendo a otras personas aunque era el Dios del universo!

Las peleas nos asustan, pero ¿sabías que Dios anima a las esposas a pelear? Así es. Dios quiere que peleemos por nuestro matrimonio manteniendo una actitud sana cada día. El infierno está en contra de todas las relaciones que tienen el potencial de glorificar a Dios. Es una pelea, señoras, pero no hay nada mejor que pasar nuestra vida peleando por un matrimonio que glorifique a Jesús.

Por lo tanto, ¿cómo es exactamente la clase de pelea correcta? Cada día debemos tomar la decisión de valorar a nuestro esposo a pesar de sus eructos, las migas que deja y su ropa interior sucia. Nuestra cultura describe el amor como un sentimiento de pasión, y todas hemos disfrutado esa sensación al mirar profundamente a los ojos de nuestro esposo. ¡Pero todas sabemos que hay días en que esa chispa no está ahí! Comparada con la descripción que Dios hace del amor, la imitación del mundo es muy barata.

## Quién suple tus necesidades

¿No desearías a veces tener una tarjeta de crédito sin límites ni intereses? Yo sí. ¡Especialmente en esos días cuando todo lo que podría salir mal parece salir mal! Cuando estoy deprimida, tiendo a esperar que Tim solucione todo: que supla todas mis necesidades.

Veamos qué dice la Palabra de Dios: "Y este mismo Dios quien me cuida suplirá todo lo que necesiten, de las gloriosas riquezas que nos ha dado por medio de Cristo Jesús" (Filipenses 4:19). ¿Quién es el único que nos ha dado la garantía de suplir nuestras necesidades? ¡Dios! Por más que amemos a nuestro marido, él no es perfecto (¡ninguna sorpresa!). Y nunca lo será. Cuando comprendemos que solo Dios puede suplir nuestros anhelos más profundos, somos libres de nuestra necesidad de tener expectativas irreales con nuestro marido. ¡Recuerda que no es un superhombre! Es un ser humano pecador como nosotras, y se equivocará, echará todo a perder y nos herirá a veces.

La buena noticia es que Dios siempre termina lo que comienza. Igual que tú, tu esposo es una obra en progreso. Es una zona en construcción. La Palabra de Dios dice: "Y estoy seguro de que Dios, quien comenzó la buena obra en ustedes, la continuará hasta que quede completamente terminada el día que Cristo Jesús vuelva" (Filipenses 1:6). Cada vez que encuentro dentífrico en el lavamanos o el asiento del inodoro levantado, tengo que recordar que no soy yo la responsable de cambiar a Tim. Mi tarea es expresar sinceramente lo que estoy sintiendo de manera amorosa. Y después puedo descansar al saber que Dios está obrando.

## Preguntas para la reflexión

1. ¿Qué (o quién) define quién eres tú? ¿Tu esposo? ¿Tus hijos? ¿Tu trabajo? ¿Estás esperando que tu esposo "solucione todo" en tu vida en vez de buscar el aliento, la ayuda y la dirección de Dios? ¿Estás adorando ante el altar del esposo ideal?

2. ¿Cuáles son los hábitos más molestos de tu esposo? Toma un tiempo para escribir las pequeñas cosas que te exasperan. En otra lista, escribe las cosas graves: las frustraciones genuinas que te "te sacan de tus casillas".

3. En este capítulo hablamos de tres maneras en que comúnmente respondemos al sentirnos frustradas: le ignoramos, le atosigamos o le decimos la verdad en amor. ¿Cómo has estado respondiendo a las frustraciones que tienes con tu esposo? ¿Estás usando tus palabras para edificar a tu esposo o para derribarlo?

4. Escoge uno de los hábitos más molestos de tu esposo. ¿Has hablado de ese hábito con él? ¿Cómo puedes comenzar hoy a resolver este conflicto en amor?

*Habla con tu esposo de...*

# 2 Tus temores sobre el dinero y la seguridad

*No importa cuán fuerte abraces tu dinero, este nunca seguirá abrazado a ti.*

CITADO EN P.S. I LOVE YOU,
RECOPILADO POR H. JACKSON BROWN, JR.

¿CUÁL ES LA RAZÓN NÚMERO UNO de los conflictos matrimoniales y el divorcio? ¿Es una mala vida sexual, una pobre comunicación, diferentes estilos de criar a los hijos, la infidelidad o la pornografía? No, los expertos concuerdan en que ninguna de esas cosas provoca la mayoría de los problemas en las parejas. El dinero sí.

A menudo las mujeres tenemos una perspectiva sobre el dinero muy diferente a la de los hombres, y esto puede causar problemas. Cuando somos novios, esas diferencias parecen bonitas, o al menos no nos preocupan demasiado. Pero apenas regresamos de la luna de miel y comenzamos a pagar las facturas, esas diferencias puede llegan a crear conflictos entre nosotros. Y las preocupaciones financieras no se limitan a la simple cuestión de la administración del dinero. Son parte de una red compleja de percepciones, valores y objetivos, que se filtra en cada una de las otras áreas de nuestra vida: la forma de criar a nuestros hijos, cómo nos relacionamos con nuestros suegros, la forma en que nos comunicamos y lo que pasa entre las sábanas. Sí, incluso lo que pasa en el dormitorio. Un estudio británico realizado por el psicólogo Thomas Pollet de la Universidad de Newcastle da a conocer que la frecuencia de los orgasmos de la mujer aumenta a medida que las tensiones financieras con su pareja disminuyen debido a un incremento en los ingresos.[1] Encontrar paz en el área de las finanzas produce alegría en cada área de la vida.

> La manera más segura de duplicar tu dinero
> es doblarlo y guardártelo en el bolsillo.
>
> FRANK HUBBARD

## Diferente, realmente diferente

Tal vez, nuestra perspectiva del dinero esté incorporada a nuestro ADN, o tal vez los hombres lo hayan asimilado de sus padres y las mujeres de nuestras madres; pero la cuestión es que los hombres y las mujeres tenemos una visión del dinero totalmente opuesta. Esto es lo que reveló un estudio realizado por Jay McDonald:

> Las mujeres, preparadas para dar cuidado y buscar aceptación, ven el dinero como un medio para forjar un estilo de vida. Las mujeres gastan en cosas que favorecen la vida diaria. Su enfoque es el dinero para el presente.
>
> Los hombres, preparados para dar soluciones y cubrir las necesidades, ven el dinero como un medio para reunir y acumular capital. Los hombres no gastan, invierten. Los hombres no quieren algo, lo necesitan. Su enfoque es el dinero para el futuro.[2]

En el mismo artículo, McDonald cita a Ruth Hayden, consejera financiera y autora de *For Richer, Not Poorer: The Money Book for Couples* [Para más ricos, no para más pobres: El libro sobre dinero para parejas]. Hayden observó que las mujeres instintivamente gastan el dinero en sus hijos y su estilo de vida, pero los hombres enfocan sus intereses financieros en inversiones tales como casas o cuentas de retiro.

> Las mujeres son las que recogen las cosas. Las que se ocupan de la ropa. Se les ha enseñado que lo necesario en la vida es conseguir aprobación. Tienen que verse bien, actuar bien, ser buenas… Cuando los hombres hacen compras, buscan comprar todo aquello que sea de "fácil arreglo"; porque se supone que los hombres deben arreglar las cosas. Ellos no quieren ser parte del proceso.

Esta no es solo una observación aburrida de una persona que hace investigaciones en un mundo irreal. Los consejeros financieros notan todo el tiempo estas diferencias en las reuniones que mantienen cada día con las parejas. Esposos y esposas tienen prioridades diferentes, perspectivas diferentes y decisiones diferentes sobre lo que hay que hacer con su dinero. Si no entienden estas diferencias y no se comunican con frecuencia y claramente, es casi seguro que terminen en un caos.

Uno de los principales consejeros matrimoniales comenta que cuanto más dinero tiene una pareja, menos conflictos experimenta, y entonces pelea menos por dinero. Puede que los cónyuges peleen como perros y gatos por sus hijos, el sexo o sus suegros, pero tienden a discutir menos por las finanzas si tienen suficiente dinero en el banco. Sin embargo, las parejas hundidas en las deudas o que apenas llegan a fin de mes, experimentan discusiones frecuentes y acaloradas.

Uno de los mayores problemas es cuando la pareja no está de acuerdo en cuánto dinero tiene y cuánto está gastando. Un estudio de hombres y mujeres casados, publicado en el *Journal of Socio-Economics* [Publicación socioeconómica] y realizado por Jay Zagorsky, un investigador de la Universidad del Estado de Ohio, encontró que un tercio de las parejas concordaba en su nivel de deuda, ingresos y activo neto, un tercio discrepaba un poco, pero un tercio tenía perspectivas muy diferentes. Cuanto más diferente era su perspectiva sobre las finanzas, más expectativas y desacuerdos tenían.

## Expectativas de abundancia

Las parejas siempre han sido propensas a tener diferencias de percepciones y expectativas, pero las parejas jóvenes de hoy ni siquiera advierten sus diferencias. Para ellos, las expectativas y la realidad pueden chocar violentamente. Muchos jóvenes de veintitantos años han crecido disfrutando de los beneficios de un estilo de vida abundante. Incluso hogares con ingresos modestos incluían un teléfono celular, una consola Xbox o Nintendo, una reproductora MP3, una agenda electrónica, la última computadora y, desde luego, ropa de moda y toda clase de entretenimientos. Fueron a la universidad con fuertes aspiraciones de un incremento en su nivel económico y esparcimiento, pero la graduación y el trabajo han desilusionado a muchos de ellos.

> **Riqueza**: Ganar al menos cien dólares más al año de lo que gana el marido de la hermana de tu esposa.
>
> H. L. MENCKEN

La psicóloga Jean Twenge, profesora de la Universidad Estatal de San Diego, escribió un libro titulado *Generation Me: Why Today's Young Americans Are More Confident, Assertive, Entitled—and More Miserable Than Ever Before* [Generación yo: Por qué los jóvenes norteamericanos de hoy son más seguros de sí mismos, más decididos, con más derechos… y más desdichados que nunca]. Ella comenta: "Hay muchos jóvenes de alrededor de 25 años que están ganando unos 35.000 dólares al año, que esperaban ser millonarios o que al menos tendrían unos ingresos de cien mil dólares al año".[3] Muchos de estos jóvenes adultos gastan cada moneda que ganan y viven con lo justo cada mes. Cuando se enfrentan a gastos imprevistos, como la reparación del auto o un compañero de cuarto que los deja con la obligación de pagar la renta completa del departamento, se tienen que endeudar para poder hacerse cargo de esos pagos.

Los que somos un poco más mayores no deberíamos mirar con desaprobación a las generaciones más jóvenes. Algunos hemos hecho un gran trabajo en ahorrar e invertir para nuestra jubilación, pero muchos otros viven apenas con lo justo, igual que sus hijos que se graduaron de la universidad. Queremos parecer tan exitosos como nuestros conocidos, y por eso nos compramos un auto nuevo, una casa lujosa y los aparatos más modernos para demostrar que estamos a su mismo nivel. Muchos casi no tienen ahorros; seguramente no tienen varios meses de sueldo ahorrados para gastos imprevistos ni un plan de jubilación. No, igual que la generación de jóvenes, muchos se enfocan en el hoy, no en el mañana. Por ejemplo, algunas personas no ponen ni unas monedas en un fondo de jubilación privado o cualquier otro tipo de plan de jubilación; y aun así, de algún modo creen que algún día les tocará una época de bonanza. La encuesta anual de seguridad en el retiro informa que casi la mitad de las personas que no han ahorrado dinero para su jubilación "de alguna manera están seguras" de que vivirán holgadamente cuando se jubilen. Tal vez estén contando con una gran herencia, o puede que crean que sucederá algo mágico que les dará los ingresos que necesiten.[4]

## Cuatro clases de parejas

En su revelador libro *Make Your Money Count* [Dale valor a tu dinero], el planificador financiero Jim Munchbach identifica cuatro situaciones totalmente diferentes en que las parejas administran —o administran mal— su dinero.[5] Cada situación requiere objetivos financieros y decisiones particulares.

### *Endeudados*

Podríamos pensar que las personas que viven de la asistencia social son quienes viven crónicamente endeudados, pero ese no es el único grupo que está sufriendo financieramente. De hecho, algunas parejas con grandes ingresos gastan mucho más de lo que ganan. Incluso médicos, abogados y hombres de negocios muy prósperos pueden estar endeudados. La mayoría de ellos se enamoró de un estilo de vida extravagante, y su objetivo era ser más, no menos, que los demás.

Otras familias con altos ingresos se endeudaron por circunstancias que estaban más allá de su control. Una amiga mía y su esposo vivieron bien con sus ingresos durante muchos años, hasta que su hija tuvo una enfermedad que puso en riesgo su vida y les consumió dos años de su vida y todos sus ahorros. Las cuentas médicas superaron ampliamente la cobertura de su seguro médico, y terminaron con una cuenta final de más de medio millón de dólares. Finalmente llegaron a un acuerdo con los médicos y el hospital por mucho menos, pero todavía tienen que seguir pagando esa deuda por varios años más.

Muchas personas que están endeudadas creen que va a llegar alguien de algún lado a rescatarlos. Sueñan despiertos con ganar la lotería, o se imaginan que una tía rica cambiará su testamento y les dará todo su dinero a ellos en vez de dárselos a sus primos.

La deuda de tarjetas de crédito tiene el hábito desagradable de aumentar, porque las compañías de crédito aumentan las tasas de interés cada vez que alguien se olvida de hacer un pago en cualquiera de las cuentas que deben. Al poco tiempo, la deuda se vuelve impagable, y la pareja se siente desesperanzada.

Cualquiera que sea la causa, las personas endeudadas necesitan enfocarse en salir del pozo financiero para poder volver a respirar un poco mejor. Muchas veces se requieren cambios drásticos en la manera de pensar y actuar, y tanto el esposo como la esposa necesitan ponerse de acuerdo en la solución para que funcione.

### Apenas llegan a fin de mes

Muchas parejas analizan detenidamente sus ingresos ¡y planifican un presupuesto para gastar hasta la última moneda! A fin de mes, algunas de estas parejas determinan a qué restaurante ir o qué tamaño de palomitas de maíz compran en el cine sobre la base de cuánto dinero les queda en la cuenta. Siempre llegan con lo justo, hasta que un gasto imprevisto les arruina el presupuesto. No hace falta mucho: una reparación del auto, una filtración en el techo, una cuenta médica, una multa de tráfico, daños por incendio o una tormenta… casi cualquier cosa que surja puede hacer que sobrepasen su presupuesto.

Muchas parejas jóvenes tratan de equilibrar la responsabilidad financiera con el esparcimiento y la instalación de su departamento o casa nueva. Puesto que están comenzando, tienen gastos adicionales. Demasiadas veces, se compran un auto nuevo con un plan de pagos elevado, porque no quieren parecer miserables delante de sus amistades que se acaban de comprar el último modelo.

Cuando sus padres tratan de hablar sabiamente con estas parejas sobre planificación financiera y ahorros para la jubilación, a menudo responden: "Ni siquiera podemos pensar en eso porque no tenemos dinero". Ese es precisamente el problema, no la respuesta.

## Con algo de dinero en el banco pero aun así preocupados

Muchas parejas han ahorrado algo de dinero para gastos imprevistos y jubilación, pero están preocupados porque no tienen suficiente. En tiempos de dificultades económicas, cuando sus fondos de inversión disminuyen, ¡se despiertan en la noche sobresaltados!

Sin embargo, otras tienen suficiente dinero, mucho más de lo que alguna vez necesitarán, pero no saben qué será de sus vidas. Sin un sentido de propósito, la única medida del éxito es acumular más dinero, comprar más posesiones y disfrutar más vacaciones extravagantes. No les preocupa no tener suficiente dinero en el futuro, sino llegar al final de sus vidas y descubrir que no tienen dinero.

No hay cantidad de dinero, posesiones o placeres que puedan llenar el vacío de nuestro corazón. Solo Cristo puede hacerlo, y Él está más que dispuesto si le permitimos hacerlo. Cuando experimentamos su amor, Él nos da dirección y propósito. Entonces nuestro dinero cobra una nueva perspectiva. No lo gastamos solo en lo que queremos, sino que invertimos una parte significativa de él para el reino de Dios. Los cónyuges que usan juntos su dinero para honrar a Dios son los más satisfechos que conozco. Estos son los que pertenecen al cuarto y último grupo.

## Llenos de propósito y contentamiento

Algunas parejas en cada comunidad realmente han comprendido que su vida no está basada en cosas materiales, sino que prosperan a partir de las relaciones. Se dedican a ejercer influencia en la vida de otros y les encantar ver cómo Dios los usa. Puede que no tengan millones, pero ven cada moneda que reciben como un regalo de Dios. Incluso su talento para ganar dinero es un regalo de Dios para estas personas, de modo que dan las gracias a Dios por su sueldo, sus inversiones, su herencia y cada una de sus fuentes de ingresos.

Conozco personas de estas cuatro categorías, y Tim y yo hemos vivido por un tiempo en cada una de las cuatro también. El factor preocupación disminuye de una categoría a la otra a medida que la sabiduría y el propósito conforman el patrón que usamos para tomar decisiones. No encontraremos la verdadera realización y seguridad en el dinero, porque nunca pensaremos que tenemos suficiente. Pero si encontramos el verdadero gozo en Cristo, Él nos dará sabiduría para ganar, ahorrar, invertir y dar nuestro dinero de manera que duplique nuestro gozo. No obstante, necesitamos trabajar en equipo con nuestro esposo para que esto suceda.

## No le echemos siempre la culpa a él

Echarle la culpa a nuestro esposo de gastar más del ingreso familiar sería una manera conveniente de enfocar el problema, pero debemos mirarnos detenidamente al espejo y ser sinceras con lo que vemos. Una vez oí que un hombre usa cinco cosas en el baño: una máquina de afeitar, crema de afeitar, dentífrico, cepillo de dientes y jabón. Las mujeres usan un promedio de diez veces más cantidad de artículos, ¡y sus maridos ni siquiera pueden identificar la mayoría de ellos!

> Un hombre pagará 2 dólares por un artículo de 1 dólar que desea. ¡Una mujer pagará 1 dólar por un artículo de 2 dólares que no desea!

Como hemos visto en otros capítulos, vivimos en una cultura de comparaciones. Siempre nos estamos comparando: no solo nuestro carácter, sino también nuestro cabello, nuestra ropa, nuestro auto, los logros de nuestros hijos y todas aquellas cosas externas que nos rodean. Tener cosas buenas no nos parece suficiente, ¡nuestras cosas deben ser más lindas que las de otra persona! ¿Quién es esa otra persona? Para la mayoría de las mujeres, es una mujer imaginaria, un collage de la mujer con la mejor figura, la ropa más fina, el auto más sofisticado, el cabello más espléndido, el esposo más exitoso, los zapatos más bonitos y todas las demás cosas que podamos comparar. Estos deseos crean expectativas increíblemente altas y un tremendo descontento a menos que salgamos favorecidas al compararnos. Pero independientemente de cuántas de estas batallas ganemos, finalmente perdemos la guerra porque alguien siempre tiene más de lo que nosotras tenemos, y nuestros deseos y temores carcomen nuestros pensamientos, consumen nuestro corazón y dañan nuestras relaciones más preciadas. Por lo tanto, mujeres, la primera parte de la solución es ser sinceras sobre el rol que desempeñamos en la relación cuando queremos (o exigimos) demasiado.

Hoy día, la persona promedio en Estados Unidos debe alrededor de 10.000 dólares en deudas de tarjetas de crédito, y otros una cantidad mucho mayor. Muchas personas tienen dificultades para pagar el mínimo cada mes, y sufren el recargo de intereses increíblemente altos en sus tarjetas de crédito. El columnista de un periódico que escribe sobre finanzas personales recibió una carta de una persona que admitió pagar casi el 30% de interés sobre 12.000 dólares de deudas sin garantía. La persona trataba de pagar un poco más que el mínimo, "pero el balance nunca baja".

El columnista le respondió con noticias desalentadoras, ya que de acuerdo a la tasa de interés vigente, a esa persona le tomaría más de treinta años terminar de pagar su deuda; y eso sin comprar nada más a crédito durante esos treinta años.[6] Cuando un esposo, una esposa o ambos se quedan la noche en vela tratando de pensar en cómo harán para afrontar el próximo pago —o cuál pago hacer este mes y cuál saltearse—, la deuda les carcome los pensamientos y les roba el gozo, el amor y la vida.

> El dinero no puede comprar la felicidad, pero puede comprar la clase de desdicha que prefieras.

### ¿Es el dinero un asunto espiritual?

Jesús habló más de dinero que de ningún otro tema: más que del cielo, más que del infierno y más que de las relaciones. A Él no le preocupaba el dinero por el dinero en sí. Más bien sabía que nuestra manera de administrar el dinero es un reflejo de nuestros deseos más profundos y nuestras convicciones más fuertes.

Los números que escribimos en nuestra chequera cada mes dicen mucho de nuestras prioridades, nuestro contentamiento y nuestra confianza en Dios.

La escritora y oradora Elisabeth Elliot tiene perspectivas increíbles sobre la vida espiritual. Nos anima a no aferrarnos al dinero para que nuestras manos puedan asir algo mucho más valioso. En *Keep a Quiet Heart* [Mantén un corazón sereno], escribió lo siguiente:

El dinero tiene un poder terrible cuando lo amamos. Puede cegarnos, encadenarnos, llenarnos de ansiedad y temor, atormentar nuestros días y nuestras noches con desdicha, desgastarnos cuando tratamos de conseguirlo... La pobreza no ha sido mi experiencia, pero Dios ha permitido en cada vida alguna clase de pérdida, el arrebato de algo que valoramos, para que podamos aprender a estar mejor predispuestos a permitir el toque de la muerte en una cosa más que hemos querido retener con todas nuestras fuerzas, y que de este modo podamos conocer la plenitud, la libertad y el gozo mucho más pronto.[7]

Tener la perspectiva de Dios sobre el dinero es el primer paso, y el más importante, que podemos dar hacia la libertad financiera. Pablo nos advirtió: "Pues el amor al dinero es la raíz de toda clase de mal" (1 Timoteo 6:10), y el rey Salomón, que sabía algo sobre las promesas huecas de prosperidad, escribió: "La gente trabajadora siempre duerme bien, coma mucho o coma poco; pero los ricos rara vez tienen una buena noche de descanso (Eclesiastés 5:12).

## Qué significa el diezmo

Con los años, la mayoría hemos escuchado gran cantidad de sermones sobre el diezmo, pero me temo que algunos de esos mensajes no han reflejado el corazón de Dios. Algunos pastores bien intencionados han dicho que Dios quiere que le demos el 10% a Él y a su Iglesia, pero a veces dejan la impresión de que podemos hacer lo que queramos con el resto y ser tan egocéntricos como deseemos. Estoy convencida de que eso es malinterpretar la esencia del evangelio. No le debemos a Dios el 10% de nosotros mismos. Le debemos todo lo que somos y tenemos.

Nuestra manera de administrar el dinero es, según Jesús, una expresión externa de nuestras convicciones internas. Nuestro objetivo principal, entonces, debería ser que nuestras convicciones sean correctas. El mensaje de la gracia es que estábamos perdidos y sin esperanza, e incluso en enemistad con Dios. Pero Dios, rico en misericordia, nos amó, nos perdonó y nos adoptó como sus hijos amados. Pablo dice que hemos sido comprados con el precio de la muerte de Cristo en la cruz, de modo que ya no nos pertenecemos a nosotros mismos, sino a Él.

En su motivador libro, *The Call* [El llamado], el autor Os Guinness define nuestro propósito como "la verdad de que Dios nos llama tan contundentemente a acercarnos a Él, que todo lo que somos, todo lo que hacemos y todo lo que tenemos es invertido con especial devoción y dinamismo en respuesta a su convocatoria y servicio".[8] Todo. ¿Nuestro tiempo? Sí. ¿Nuestras relaciones? Desde luego. ¿Cada moneda que ganamos, ahorramos, invertimos o gastamos? Absolutamente. Dios nos ha dado la capacidad de ganarnos la vida. Todo lo que somos y todo lo que tenemos es total y absolutamente de Él. Usar todo (incluso, y especialmente, nuestro dinero) de una manera que le agrada a Él es nuestro privilegio y placer.

Cuando nuestra perspectiva sobre la gracia de Dios satura cada fibra de nuestra vida, disminuimos nuestras exigencias de tener cada vez más, porque estamos agradecidos por lo que Dios ya nos ha dado. Ya no sentimos el impulso de endeudarnos cada vez más para demostrar nuestro valor a otras personas, de modo que tenemos más dinero para ahorrar, invertir y gastar en cosas que realmente importan. Y en respuesta al regalo maravilloso que Dios nos ha dado, daremos más y con más alegría. El exitoso escritor y líder experto, Ken Blanchard, y el fundador de Chick-fil-A, Truett Cathy, reconocen el gozo de dar en su libro *The Generosity Factor* [El factor generosidad]:

> Hay un camino hacia la satisfacción genuina y duradera, pero va en contra de esta cultura ambiciosa y ególatra. Se llama generosidad, y se trata de dar libremente nuestros cuatro recursos más valiosos —tiempo, talentos, tesoro y contacto— y de recibir a cambio riquezas inimaginables.[9]

Sí, es verdad que los hombres y las mujeres piensan y actúan de modo muy diferente con respecto al dinero; pero estas diferencias se minimizan cuando dos personas se deleitan en la gracia de Dios, y forman su vida según la sabiduría y el propósito de Él. Un enfoque en Dios les permite encontrar terreno común y seguir las creencias que comparten en vez de pelear por sus diferencias.

Al pensar en cualquier conflicto que exista entre tú y tu marido por el asunto del dinero, comienza por enfocarte en tu propio corazón. Evalúa tus creencias y tus hábitos, y fíjate si se comparan a los principios de este capítulo. Disfruta la inigualable gracia de Dios y confía en que Él te dará su sabiduría, su gozo y su generosidad. Entonces, estarás lista para hablar con tu marido sobre dinero y la clase particular de seguridad que este puede brindar.

### ¡Habla con tu esposo!

¿Qué has conseguido en tu relación con tu esposo o tu novio al quejarte del dinero y atosigarlo sobre el asunto? Puede que hayas conseguido algunas cosas que querías, pero creo que has perdido otras que son mucho más preciosas: entendimiento, seguridad y cercanía. Si no estás conforme con la cantidad de dinero que él gana o con la que dispones para gastar, procura comenzar por hablar de tus propias faltas en tu primera conversación con él.

En una entrevista con Luci Shaw para la revista *Radix*, Dallas Willard, autor de *The Divine Conspiracy* [La conspiración divina] reflexionó en el efecto del consumo sin restricciones de nuestra cultura:

> Hemos sido diseñados para ser artífices, emprendedores, no solo receptores. Sin embargo, todo el modelo, el modelo consumista del ser humano, es que seamos pasivos, que seamos quejosos y rezongones porque no recibimos lo que necesitamos. Inventamos un "derecho" a eso y luego decimos que hemos sido privados de nuestros derechos.[10]

Si has reclamado tu "derecho" a tener cada vez más, da el primer paso para hablar de tu nueva perspectiva y disculparte por quejarte. (Asegúrate de sostener a tu marido cuando se desmaye). Invítale a revisar juntos el presupuesto para ver de dónde viene el dinero y en qué se gasta. No te pongas a la defensiva y no seas exigente. Culparse el uno al otro, desde luego, no les ayudará a resolver los problemas financieros y no los acercará más el uno al otro. Revisen su presupuesto de manera sincera y objetiva, y negocien un plan factible y eficaz. Hagan el compromiso de vivir dentro de sus medios y saldar las deudas de sus tarjetas de crédito. Hay muchos recursos excelentes, que están disponibles para ayudar a individuos y parejas a comunicarse y desarrollar un plan de acción financiero, inclusive consultar a asesores financieros cristianos. No tengas miedo de buscar la ayuda que necesitan.

Las mayores causas de conflictos por dinero en un matrimonio ocurren cuando los cónyuges no hablan, sacan conjeturas y se enojan cuando el otro no actúa de acuerdo a las conjeturas de las cuales nunca hablaron. A medida que el enojo se intensifica, podrían estallar de ira y echarse la culpa, o retraerse en un silencio insufrible. O podrían alternar entre ambas cosas. De cualquier manera, no permitas que la acumulación de emociones dolorosas te impida comenzar esta importante conversación.

Podrías comenzar por decir: "Sé que este ha sido un tema difícil para nosotros, pero me gustaría hablar contigo sobre nuestra situación financiera. Primero, quiero pedirte perdón por gastar demasiado y exigir demasiado [o cualesquiera que hayan sido tus errores]. Quiero que busquemos una solución juntos para que el dinero sea algo que nos acerque más en vez de separarnos". Si él sabe que tú no vas a exigirle más y a culparlo, es probable que esté mucho mejor predispuesto a hablar de dinero y de los problemas relacionales que lo rodean.

El plan a desarrollar debe incluir varios ingredientes clave, tales como ahorros e inversiones; pero esto podría no ser una prioridad hasta que salgas de deudas. Cueste lo que cueste, no pidas más dinero prestado hasta que pagues tu deuda actual, y aun entonces, procura ahorrar suficiente dinero para comprar cosas más adelante en vez de incurrir en más deudas de tarjetas de crédito ahora.

Haz del progreso financiero una aventura gloriosa. Algunas mujeres viven con tanto resentimiento y ansiedad sobre este asunto, que no pueden imaginar que esto pueda llegar a ser una aventura gloriosa, pero te aseguro que es posible. Cuando los cónyuges se unen con un objetivo en común y un plan financiero factible, se apoyan y se animan mutuamente y dejan de quejarse. Cuando esto sucede, se esfuerzan para salir del pozo, celebran cada victoria y se ayudan mutuamente cuando uno está débil.

Algunas mujeres son hábiles para fijarse objetivos buenos y claros; pero otras necesitan ayuda. El escritor y orador popular Brian Tracy resalta la importancia de fijarse objetivos:

> Hombres y mujeres exitosos invierten el tiempo que sea necesario para tener absoluta claridad sobre sí mismos y lo que realmente quieren, igual que cuando se diseña un plano detallado para un edificio antes de comenzar la construcción. La mayoría de las personas se lanza a la vida como un perro que persigue un auto corriendo y se pregunta por qué nunca parece alcanzar nada o mantener algo valioso.[11]

En vez de menospreciar las diferentes maneras de pensar en el dinero, aprécialas. Dios hizo a dos personas para que sean una, perfectamente unidas. Esto significa que los objetivos financieros inmediatos, así como los objetivos financieros futuros, son necesarios para tener una buena pareja y una familia sólida.

Ante todo, procura que tu conversación sobre el dinero se transforme en agradecimiento. Dale gracias a Dios por su bondad y fidelidad. Aunque estés endeudada, puedes agradecerle por la sabiduría de las Escrituras y la esperanza que Él te da para resolver el problema. Muéstrale a tu marido que reconoces su arduo trabajo y su diligencia en suplir las necesidades de la familia, aunque no gane tanto dinero como a ti te gustaría. Y da gracias a Dios y a tu marido todos los días con cada paso que dan para salir de las deudas, tratar de ahorrar, gastar sabiamente e invertir para el futuro.

## *En la Palabra: Aplicación práctica*

Dave Ramsey afirma que el dinero se menciona más de ochocientas veces en la Biblia. Evidentemente, a Dios le interesa mucho nuestra manera de pensar en el dinero y de usarlo. Nadie conoce el corazón del hombre mejor que Dios, motivo por el cual Él se enfoca tanto en este tema. Él conoce el poder que tiene el materialismo para moldear nuestro corazón y destruir nuestra vida. Para tener libertad y seguridad financiera, debemos seguir en serio el consejo de Dios y administrar nuestras finanzas consecuentemente.

## ¿Es el dinero un asunto espiritual?

Veamos qué dice la Biblia:

* "No te desgastes tratando de hacerte rico. Sé lo suficientemente sabio para saber cuándo detenerte. Las riquezas desaparecen en un abrir y cerrar de ojos, porque les saldrán alas y se irán volando como las águilas" (Proverbios 23:4-5).
* "Escúchenme, amados hermanos. ¿No eligió Dios a los pobres de este mundo para que sean ricos en fe? ¿No son ellos los que heredarán el reino que Dios prometió a quienes lo aman?" (Santiago 2:5).
* "Enséñales a los ricos de este mundo que no sean orgullosos ni que confíen en su dinero, el cual es tan inestable. Deberían depositar su confianza en Dios, quien nos da en abundancia todo lo que necesitamos para que lo disfrutemos. Diles que usen su dinero para hacer el bien. Deberían ser ricos en buenas acciones, generosos con los que pasan necesidad y estar siempre dispuestos a compartir con otros. De esa manera, al hacer esto, acumularán su tesoro como un buen fundamento para el futuro, a fin de poder experimentar lo que es la vida verdadera" (1 Timoteo 6:17-19).
* "El que confía en su dinero, se hundirá, pero los justos reverdecen como las hojas en primavera" (Proverbios 11:28).
* "La persona digna de confianza obtendrá gran recompensa, pero el que quiera enriquecerse de la noche a la mañana, se meterá en problemas" (Proverbios 28:20).
* "Las riquezas no servirán para nada en el día del juicio, pero la vida recta puede salvarte de la muerte" (Proverbios 11:4).

- "Los que aman el dinero nunca tendrán suficiente. ¡Qué absurdo es pensar que las riquezas traen verdadera felicidad!" (Eclesiastés 5:10).

- "Los avaros tratan de hacerse ricos de la noche a la mañana, pero no se dan cuenta que van directo a la pobreza" (Proverbios 28:22).

- "Más vale tener poco, con el temor del Señor, que tener grandes tesoros y vivir llenos de angustia" (Proverbios 15:16).

- "Es mejor ser pobre y honesto que ser rico y deshonesto" (Proverbios 28:6).

El tema recurrente en estos pasajes es fácil de ver; el dinero no debería ser nuestra preocupación principal, y ser ricos no debería ser nuestro objetivo principal en la vida. El apóstol Pablo advierte a Timoteo: "Pues el amor al dinero es la raíz de toda clase de mal; y algunas personas, en su intenso deseo por el dinero, se han desviado de la fe verdadera y se han causado muchas heridas dolorosas" (1 Timoteo 6:10).

La sociedad norteamericana está centrada en el dólar. Para comer, necesitas comprar comida. Para conducir un auto, necesitas comprar gasolina. Necesitas dinero para vivir en una casa, comprar ropa, pagar los servicios… y la lista sigue. Cuando el dinero llega a ser el fundamento de nuestra propia existencia, nuestro deseo de tener abundancia puede ser muy difícil de controlar. Podemos dar gracias porque Dios no guardó silencio sobre este asunto.

## Hablar, hablar, hablar

Jay MacDonald hizo una sabia observación cuando dijo: "Si las parejas no hicieran más que sentarse y hablar de dinero, es probable que sus posibilidades de tener una vida larga y feliz aumentasen considerablemente".[12] Este libro está totalmente pensado para ayudarte a aprender a hablar de tus necesidades y deseos más profundos con el hombre de tu vida. Y como hemos visto, el dinero es la razón número uno de los conflictos matrimoniales y del divorcio, ¡y por eso necesitamos tener una buena comunicación sobre nuestras finanzas!

Salomón escribe: "A todo el mundo le gusta una respuesta apropiada; ¡es hermoso decir lo correcto en el momento oportuno!" (Proverbios 15:23). Hemos sido creados para ser seres relacionales, y una buena comunicación es la clave de las relaciones sólidas. Los hombres y las mujeres tienen perspectivas particulares sobre muchos aspectos de la vida, de modo que no deberíamos sorprendernos al encontrar diversos puntos de vista sobre el dinero y los gastos. Los cónyuges necesitan evaluar juntos estas diferencias en conversación.

Se han escrito libros excelentes sobre seguridad financiera, inversiones, gastos y reducción de deudas. Puedes encontrar numerosos sitios de Internet de compañías que se especializan en administración del dinero. Te recomiendo que aprendas todo lo que puedas sobre el efecto que tiene el dinero sobre tu vida y tu diario vivir.

Sin embargo, recurre primero a la Biblia y dale la máxima prioridad. Busca versículos que hablan de dinero. Usa un comentario temático si es necesario. Trata de conocer y entender qué piensa Dios, antes de consultar la opinión del mundo sobre economía y finanzas. ¡Investiguen juntos, como una pareja!

## Los tesoros del corazón

No almacenes tesoros aquí en la tierra, donde las polillas se los comen y el óxido los destruye, y donde los ladrones entran y roban. Almacena tus tesoros en el cielo, donde las polillas y el óxido no pueden destruir, y los ladrones no entran a robar. Donde esté tu tesoro, allí estarán también los deseos de tu corazón (Mateo 6:19-21).

¿Dónde está tu tesoro? Cuando dejemos este mundo, no nos llevaremos nada con nosotros. Salomón escribe: "Pero al observar todo lo que había logrado con tanto esfuerzo, vi que nada tenía sentido, era como perseguir el viento. No había absolutamente nada que valiera la pena en ninguna parte" (Eclesiastés 2:11).

¿Dónde está tu corazón? "Nadie puede servir a dos amos. Pues odiará a uno y amará al otro; será leal a uno y despreciará al otro. No se puede servir a Dios y al dinero" (Lucas 16:13). Me encanta Hebreos

13:5: "No amen el dinero; estén contentos con lo que tienen, pues Dios ha dicho: 'Nunca te fallaré. Jamás te abandonaré'". Aprende a descansar en la provisión y protección de Dios a pesar de tus circunstancias financieras. Ya sea que estés en tiempos de abundancia o en tiempos de necesidad, Él estará ahí y suplirá lo que necesitas. No cedas al sistema del mundo y a su amor al dinero. Entrégale tus temores a Dios y rinde el control a la capacidad de sus manos. Confía y cree esta verdad que se encuentra en Filipenses 4:19: "Y este mismo Dios quien me cuida suplirá todo lo que necesiten, de las gloriosas riquezas que nos ha dado por medio de Cristo Jesús".

## *Preguntas para la reflexión*

1. ¿Cómo estás haciendo personalmente para administrar tu dinero? ¿Te ajustas a un presupuesto o tiendes a gastar de más? Esta es una excelente "lista de verificación para gastar responsablemente", que encontré en el *June Hunt's Counseling Through Your Bible Handbook* [Manual de consejería bíblica de June Hunt]:

   - ¿Es esta compra una verdadera *necesidad* o solo un *deseo*?
   - ¿Tengo suficientes fondos para comprar esto sin usar tarjetas de crédito?
   - ¿He comparado el precio de productos alternativos?
   - ¿He orado por esta compra?
   - ¿He sido paciente en esperar la provisión de Dios?
   - ¿Tengo la paz de Dios con respecto a esta compra?
   - ¿Se ajusta esta compra al propósito que Dios tiene para mí?
   - ¿Estoy de acuerdo con mi cónyuge en lo que se refiere a esta compra?[13]

2. Como pareja, ¿se han sentado alguna vez a hablar de sus finanzas: de la responsabilidad individual y conjunta? ¿Tienen un presupuesto? ¿Tienen deudas, y un plan para pagar lo que deben a los acreedores?

3. ¿Qué puedes hacer hoy para promover el comienzo de un diálogo sobre finanzas con tu esposo? Si este diálogo no es posible, ¿cuál será el resultado?

4. Toma un tiempo ahora para reflexionar en tu método actual de administrar el dinero. ¿Estás siendo una buena administradora de lo que Dios te ha dado? ¿Estaría Él complacido con tu estado financiero actual? Si no, ¿qué harás en la próxima semana para comenzar a hacer los cambios necesarios?

# 3 Cómo quieres que te ame

*Cualquier hombre que puede conducir
mientras besa a una hermosa mujer no está
prestando a ese beso la atención que se merece.*

ALBERT EINSTEIN

TODA MUJER SUEÑA CON LA MANERA en que desea ser amada, y las imágenes que tenemos en nuestra mente pueden ser muy variadas. Momentos tiernos e íntimos, paseos serenos, diamantes, un día de compras sin los niños, mimos dignos de una reina... Sin importar lo variados que puedan ser nuestros sueños, casi siempre incluyen la absorta atención de nuestro amado. "Aunque las mujeres digan que no les gusta que los hombres miren fijamente su cuerpo, se derriten cuando el hombre que les interesa las mira profundamente a los ojos".[1]

## Diferentes lentes

Parte de la aventura (y la frustración) de relacionarse con los hombres es que el amor significa diferentes cosas para cada uno, y lo demuestran de maneras bastante diferentes. El clásico libro de Gary Chapman, *Los 5 lenguajes del amor*, identifica las maneras más comunes de querer ser amado: tiempo de calidad, palabras de afirmación, regalos, actos de servicio y toque físico. Nuestro marido podría tener un lenguaje muy diferente al nuestro, de modo que podríamos malinterpretar o no prestar atención a la manera en que nos muestra su amor.

Por ejemplo, una amiga me habló de lo que había comprendido en su relación matrimonial. El lenguaje de amor de ella son los regalos, pero el de su esposo es el tiempo de calidad. Para mostrarle su amor, a menudo la invita a ir con él a lugares exóticos como tiendas de artículos deportivos y campamentos, tiendas de artículos de ferre-

> El amor es, ante todo, el regalo de uno mismo.
>
> JEAN ANOUILH

tería y renovación del hogar o exposiciones de cabañas. Por años, ella no entendía qué le estaba diciendo él con sus invitaciones, de modo que generalmente le decía: "No, ahora estoy ocupada". Para ella, ¡cualquier otra cosa era más importante que verlo agarrar una escopeta! Después de años de relación, ella se dio cuenta de que las invitaciones de su esposo eran una manera de mostrarle su amor, y entonces cambió su manera de actuar.

Pero el malentendido no era solo de una de las partes. Todos esos años, ella había medido el amor de él por los regalos que le hacía. Pero según él mismo admitió, su promedio de aciertos había sido fatal. Él me dijo: "En todos estos años de cumpleaños, Navidades, aniversarios y días de los enamorados, no creo haberle regalado más de dos cosas que ella no fuera a cambiar a la tienda". Evidentemente, estos dos cónyuges no se conocían bien. Él aprendió que para comunicarle amor, tenía que pensar un poco más a la hora de comprarle un regalo. Entonces habló con la mejor amiga de su esposa para pedirle sugerencias, y con la ayuda de ella, sus regalos llegaron a ser grandes aciertos, hasta que ella llegó a sentirse amada.

El lente a través del cual vemos el amor puede variar de color de acuerdo a ciertos factores: nuestra crianza, nuestra personalidad, nuestra cultura y las heridas que hemos experimentado. Hace poco, les pregunté a varias mujeres cómo definían el amor, y sus respuestas me sorprendieron. Sara había estado luchando con toda una vida de abusos por parte de su padre y su ex esposo. Su definición del amor era "la ausencia de dolor". Elisabeth había vivido con un esposo alcohólico durante once años, y ella era su mecanismo de apoyo. Cuando le pregunté a ella, me dijo: "Me siento amada cuando él me necesita, lo cual es todo el tiempo". Ana es una ejecutiva de alto rango en una importante corporación. Estoy segura de que ella tiene un lado tierno, pero pocas personas lo ven. En un momento de sinceridad, explicó que amor es que "otros hagan lo que yo les digo que hagan; tiene que ver con mi poder y la sumisión de los demás". (¡*No muy simpática!*) Las definiciones de amor de estas mujeres son particulares. En un sinfín de casos, las heridas que experimenta una persona dan lugar a su concepto del amor. Muchas de esas personas no tienen ni idea de cómo es el amor genuino o el "afecto no posesivo".

## El amor y el respeto

¿Cómo es realmente el amor para un hombre? La exitosa escritora, oradora y consultora Shaunti Feldhahn condujo una extensa encuesta en la que pidió a hombres y mujeres tomados al azar que eligieran entre dos malos resultados. La pregunta era: "Si tuvieras que elegir, ¿preferirías sentirte "solo y sin amor en el mundo" o "descalificado y sin el respeto de todos"?

> Nunca podría amar lo que no pudiera respetar.
>
> CHARLOTTE ELIZABETH AISSE

Sorprendentemente, el 74% de los hombres dijo que preferiría sentirse "solo y sin amor" que "descalificado y sin respeto". Pero solo el 26% de las mujeres eligió la descalificación y la falta de respeto como el peor de los dos males.

Chuck Cowan, coproductor de la encuesta, advirtió que ser amado y ser respetado significa lo mismo para los hombres. En realidad, los hombres que respondieron a la encuesta se quejaron de la naturaleza de ese instrumento de sondeo, ¡porque no podían separar el amor del respeto!

La encuesta reveló motivos de preocupación entre los hombres. Lamentablemente, el 81% de los hombres estuvo de acuerdo en que "mi esposa o mi ser amado ya no me *respeta*". Pero solo el 19% dijo: "mi esposa o mi ser amado ya no me *ama*". Aunque el respeto y el amor están estrechamente ligados, los hombres sufrían más por la falta de respeto que por la falta de amor. Feldhahn escribió: "Probablemente la revelación más importante fue el hecho de que los esposos necesitan —necesitan desesperadamente— ser respetados y edificados por sus esposas".[2]

La encuesta no trata de determinar el origen de la percepción que los hombres tienen del amor y el respeto. Podría ser producto del ADN, o podría estar determinado por el rol masculino en nuestra cultura. Lo importante para las mujeres no es la causa; es la realidad de la perspectiva que tienen sus maridos sobre el amor y la vida. Algunas autoridades han cuestionado los métodos usados en la investigación de Feldhahn, pero alterar los métodos probablemente no alteraría de forma significativa la conclusión: si un hombre no se siente respetado, no se sentirá amado.

Del mismo modo, John Gottman, autor de *Why Marriages Succeed or Fail* [Por qué triunfan o fracasan los matrimonios] trabajó con un laboratorio de investigación multimillonario recabando datos para su libro. Su conclusión fue que el éxito matrimonial podría resumirse con dos palabras muy conocidas: *amor* y *respeto*.[3] Para decirlo de manera sencilla, las mujeres necesitamos oír: "Cariño, te amo profundamente", y nosotras debemos comunicarle a nuestro marido: "Cariño, estoy muy orgullosa de ti y confío totalmente en ti".

## Nuevas habilidades

El conocimiento que adquirimos de la investigación de Feldhahn y Gottman puede cambiar drásticamente la manera de comunicarnos con nuestro marido. Entendemos que lo que nos une a él podría ser muy diferente a lo que pensábamos, de modo que podemos ser un poco más pacientes cuando él no lo entiende. Sin embargo, no aprenderemos nuevas habilidades de dar y recibir amor si nos sentamos de brazos cruzados y exigimos que nuestro marido siempre supla nuestras necesidades primero. Puede que

> Tiemblen los hombres para ganarse la mano de una mujer, a menos que se ganen con eso la pasión ardiente de su corazón.
> NATHANIEL HAWTHORNE

tengamos que tomar alguna iniciativa para echarnos a andar. Esto es algo totalmente lógico. La ley de la cosecha dice que cosechamos lo que sembramos, después que sembramos y más de lo que sembramos. Si sembramos exigencias o distanciamiento, eso es lo que vamos a recibir... ¡a montones! Pero si sembramos bondad y reconocimiento, nuestro marido (generalmente, pero tal vez más tarde de lo que nos gustaría) hará todo lo posible para demostrarnos su amor. No obstante, podría necesitar un poco de ayuda. Dave Barry describe el reto de esta manera:

> Los hombres son simples... las mujeres no lo son, y siempre suponen que los hombres deben de ser tan complicados como ellas, solo que mucho más misteriosos. La cuestión es que los hombres no piensan mucho. Son simplemente lo que parecen. Trágicamente.

Pero no tiene que seguir siendo trágico. Un poco de comunicación puede hacer maravillas.

La mayoría de las mujeres anhela recibir ternura y atención. ¿Cómo sé si alguien me está prestando atención? Sin lugar a dudas, el contacto visual es una parte, pero no estoy convencida de que me está prestando atención a menos que me haga una segunda o tercera pregunta de seguimiento. Eso es lo que quiero que Tim haga cuando estoy hablando con él. Si siento que él no me está escuchando realmente, puedo contestarle bruscamente que es "muy insensible" o irme hecha una furia, o puedo preguntarle gentilmente: "Si este no es un buen momento para hablar, está bien. Dime cuándo te viene bien a ti. Hay algunas cosas que necesito hablar contigo".

Ahora bien, tengo que cuidar realmente mi tono de voz y mi lenguaje corporal para asegurarme de no parecer enojada y furiosa. Cuando este raro suceso ocurre (¡desearía que fuera así!), trato de pensar y orar antes de decirle a Tim que necesito que me escuche, para así poder escudriñar mi corazón y mis emociones. Necesito asegurarme de que mi mirada coincida con las palabras que salen de mi boca.

Podemos aprender a ser mucho más eficaces a la hora de comunicarle a nuestro marido lo que deseamos. No necesitamos decirle que queremos mantener una conversación seria. Sino que en un momento desprevenido, cuando realmente nos esté escuchando, podemos decirle simplemente: "Cariño, realmente me gusta cuando me escuchas así. Significa mucho para mí". O si por ahora no puedes encontrar algún momento positivo para reconocer eso, puedes decirle: "Me gusta cuando dejas de hacer lo que estás haciendo y me miras a los ojos cuando te estoy hablando de cosas importantes. No tienes que hacerlo todo el tiempo, pero cuando lo haces, siento que realmente estás interesado en lo que te digo". (Yo solía tomar su mentón y girarlo hacia mí. Algo que generalmente no terminaba demasiado bien). Una comunicación abierta no tiene que estar enfocada solo en las habilidades para escuchar. Podemos decirle a nuestro marido lo que nos gusta sobre cada aspecto del amor, describir nuestro particular lenguaje del amor y comentarle detalles que nos hacen sentir aceptadas y amadas.

Estas nuevas habilidades podrían parecer extrañas para algunas mujeres, pero lo único que necesitamos para ponerlas en práctica es un poco de premeditación y coraje.

## La isla de la fantasía

Seamos sinceras. Puede que seamos cristianas y queramos que nuestra vida se ajuste a los propósitos de Dios, pero somos mujeres reales y vivimos en un mundo real. Ver el atractivo sexual de Brad Pitt o Hugh Jackman en una película solo podría encender por un segundo o dos la fantasía en nuestra mente. Pero si bien para muchas mujeres no se trata de escabullirse a algún antro en busca de sexo, la mayoría de las mujeres queda atrapada en la historia de amor. Queremos jugar a Romeo y Julieta. Tú serás el príncipe y yo la princesa. Los sueños que teníamos antes de casarnos —aquellos sobre el esposo ideal y la dicha del día de bodas—aparecen en nuestra mente una vez más.

Y aunque es probable que con momentos fugaces de fantasías no arruinemos nuestro matrimonio, debemos reconocer el peligro y sacar esas imágenes de nuestra mente cuanto antes. Algunas mujeres ni siquiera tratan de quitárselas de la cabeza. Vivimos en un mundo de sueños de romance y sexo apasionado, y el esposo de nuestra vida real no les llega ni a los talones a los hombres de nuestra fantasía.

Está muy bien fantasear sobre encuentros románticos con nuestro marido. Eso es parte del proceso de planificación para cultivar una buena relación. Pero cuando nuestra mente se enfoca en otro hombre que no es nuestro marido, o si tratamos de hacer que sea alguien que nunca será, corremos el peligro de contaminar nuestra relación mediante comparaciones. Pablo escribió a los corintios sobre la importancia de controlar nuestros pensamientos.

Somos humanos, pero no luchamos como lo hacen los humanos. Usamos las armas poderosas de Dios, no las del mundo, para derribar las fortalezas del razonamiento humano y para destruir argumentos falsos. Destruimos todo obstáculo de arrogancia que impide que la gente conozca a Dios. Capturamos los pensamientos rebeldes y enseñamos a las personas a obedecer a Cristo (2 Corintios 10:3-5).

## Las decepciones

Estoy convencida de que muchos cónyuges no disfrutan de dar y recibir amor porque están muy decepcionados el uno del otro. Un día, ella se levanta y se da cuenta de que el hombre que tiene a su lado no es todo lo que ella esperaba. En vez de aceptarlo y estar agradecida por él como un regalo bueno de Dios, germinan semillas de resentimiento, especialmente cuando él no cumple con todas sus expectativas. Tarde o temprano, si él sigue decepcionándola, su mente podría comenzar a desviarse hacia otra pareja, real o imaginaria. Esta barrera invisible de decepciones y exigencias, que ni se menciona, no hará otra cosa que producir más expectativas incumplidas y mayor resentimiento. Hasta que no se identifique esta barrera y se destruya, la pareja estará a la deriva en una relación superficial, con el anhelo de recibir amor y respeto, pero en cambio llena de resentimiento. Este es un terreno fértil para las fantasías.

## El pacto matrimonial

El pacto matrimonial no es solo entre dos personas; es un pacto entre esas dos personas y Dios de aceptar su provisión, agradecer sus regalos y confiar en que Él usará a dos personas imperfectas para crear algo hermoso. Podríamos desear que nuestro marido sea tan apuesto y amoroso como el hombre imaginario que vemos en el cine o las novelas, pero desear otra cosa bloquea el verdadero amor. De vez en cuando, todas las mujeres necesitamos decirle a Dios: *Señor, muéstrame cómo hacer lo correcto para que ambos podamos sentirnos amados y así podamos honrarte juntos.* Creo que Dios se deleita con esta oración llena de sinceridad y fe.

## *¡Habla con tu esposo!*

Vuelve a pensar en la historia de tu relación con tu esposo o tu novio. Déjame hacerte algunas preguntas:

¿Cuándo fue la vez en que te sentiste especialmente amada?

¿Qué estaba pasando en ese momento?

¿Qué comenzó y qué terminó esa etapa de tu relación?

¿Cuándo fue la vez en que él se sintió profundamente respetado?

¿Cómo le mostraste tu respeto durante ese tiempo?

¿Cómo influyó en su amor por ti?

La mayoría de las mujeres puede recordar momentos realmente buenos en su relación. Reflexionar en cómo nos sentíamos en esos días y esas noches no es muy difícil. Pero necesitamos profundizar un poco más y pensar en cómo tratábamos a nuestro marido durante esos buenos tiempos. De alguna manera, nuestra comunicación encendía su amor por nosotras, y él estaba entusiasmado por mostrarnos su amor. Esos recuerdos pueden ser puntos de partida maravillosos para futuras conversaciones.

Necesitamos llegar a entender el poder de la ley de la cosecha. La manera de tratar a nuestro marido determina (al menos, en parte) la manera en que él nos trata a nosotras. No tenemos ninguna garantía, y si la relación está trágicamente afectada por heridas profundas sin resolver, estas necesitan ser sanadas para que el amor pueda fluir más libremente. Toma tiempo para pensar en cómo puedes completar estas frases:

Estoy muy orgullosa de ti porque…

Valoro la manera en que tú…

Hay algo que me gusta de ti…

Pero eso no es todo. Cuando él comunica su amor o cuando ambos pueden hablar de cultivar la relación, puedes decirle: "Me gusta cuando tú…". Sé específica y hazlo animadamente. Algunas de esas cosas podrían ser graves y serias; pero muchas de ellas son frívolas, insignificantes y cómicas.

Asegúrate de ser específica y sincera a la hora de hablar de lo que deseas y te agrada. Los hombres se confunden cuando les damos instrucciones generales. Háblale detalladamente, explícale cosas específicas y dale ilustraciones de lo que estás hablando. No esperes que él entienda tus pensamientos más profundos de la manera que lo hace tu mejor amiga. ¡Él no es ella! Ayúdale a entender tus pensamientos y los deseos más profundos de tu corazón. Y cuando le des palabras de afirmación y respeto, no abras tu boca hasta que se lo digas de verdad. Puede que los hombres parezcan torpes, pero saben cuándo estamos fingiendo y toman a mal las palabras huecas. Cuando no somos sinceras, ellos dan por hecho que solo estamos tratando de manipularlos, y muchas veces tienen razón.

Hablar de amor no es difícil para algunos cónyuges, porque suelen hablar asiduamente de asuntos del corazón. Están acostumbrados a resolver las continuas diferencias entre ellos, y su fuerte compromiso es un fundamento firme para un amor y reconocimiento genuinos.

Sin embargo, muchas parejas solo tienen momentos fugaces en los que dan y reciben amor. Los dos cónyuges necesitan identificar las barreras, o al menos uno de ellos (ese sería la mujer: tú y yo) debe tomar la iniciativa de resolver las diferencias y expresarle sinceramente respeto al otro. Sin embargo, algunas parejas viven bajo el mismo techo en una tregua armada. Apenas hablan de cosas importantes, porque han estado muy enojados y dolidos en el pasado. Estos cónyuges son como dos puercoespines en una pequeña caja. ¡Se sienten atrapados cada vez que el otro se mueve un centímetro!

Cuando hablo con mujeres que tienen matrimonios como esos, les aseguro que Dios es un Dios de redención. Él puede hacer milagros, pero casi siempre los milagros comienzan en nosotras. Recuerda lo que hemos visto anteriormente: la única persona a la que puedes cambiar eres tú. Cuando encontramos el amor y la misericordia de Dios, gradualmente abrimos nuestro corazón a la experiencia de la sanidad de las heridas que hemos sufrido. Luego, con el tiempo, comenzamos a poner en práctica los principios de este capítulo. Las heridas profundas toman tiempo para sanar, y los dolorosos patrones arraigados en una relación no cambian de la noche a la mañana; pero nosotras podemos cambiarlos.

Cualquiera que sea tu relación hoy, pide a Dios que te dé sabiduría para comunicarte mejor con el hombre de tu vida. Cuando el diálogo es franco, pueden suceder cosas maravillosas. Sabrás cómo él te ve y cómo quiere que tú lo trates, y tendrás la oportunidad de abrirle tu corazón y hablarle de lo que deseas. No esperes que él lea tu mente. Los hombres no actúan de esa manera. Olvídate de eso, cambia tus expectativas, y dile cómo quieres que te ame.

## *En la Palabra: Aplicación práctica*

He hablado con mujeres y he escuchado de parejas que viven en matrimonios sin amor —relaciones por conveniencia—, donde el amor ha muerto o es probable que, desde un principio, nunca haya existido realmente de manera sustancial. Estas parejas creen que su situación presente es todo lo buena que puede ser, y no tienen esperanza de que algo cambie. Como hemos visto anteriormente en este capítulo, sabemos que los hombres y las mujeres ven y experimentan el amor a través de lentes muy diferentes; ni buenos ni malos, tan solo diferentes. Sin embargo, a veces debemos limpiar nuestros lentes.

### El significado del amor

Queridos amigos, sigamos amándonos unos a otros, porque el amor viene de Dios. Todo el que ama es un hijo de Dios y conoce a Dios; pero el que no ama no conoce a Dios, porque Dios es amor. Dios mostró cuánto nos ama al enviar a su único Hijo al mundo, para que tengamos vida eterna por medio de él. En esto consiste el amor verdadero: no en que nosotros hayamos amado a Dios, sino en que él nos amó a nosotros y envió a su Hijo como sacrificio para quitar nuestros pecados. Queridos amigos, ya que Dios nos amó tanto, sin duda nosotros también debemos amarnos unos a otros. Nadie jamás ha visto a Dios; pero si nos amamos unos a otros, Dios vive en nosotros y su amor llega a la máxima expresión en nosotros… Dios es amor, y todos los que viven en amor viven en Dios y Dios vive en ellos (1 Juan 4:7-12, 16).

Compara este pasaje sobre el amor con la cultura en la que vivimos hoy. Es una cultura carente de amor, sin sentimientos, fría y egocéntrica. Yo solía pensar que las personas sin amor eran bastante raras. Ahora, parece que la falta de amor es la norma; una realidad demasiado común en nuestros días.

El apóstol Pablo sabía cómo serían estos últimos días, cuando el amor de muchos se enfriaría, y advirtió a Timoteo específicamente sobre las personas que caracterizarían el espíritu de estos últimos días.

Timoteo, es bueno que sepas que, en los últimos días, habrá tiempos muy difíciles. Pues la gente sólo tendrá amor por sí misma y por su dinero. Serán fanfarrones y orgullosos, se burlarán de Dios, serán desobedientes a sus padres y malagradecidos. No considerarán nada sagrado. No amarán ni perdonarán; calumniarán a otros y no tendrán control propio. Serán crueles y odiarán lo que es bueno. Traicionarán a sus amigos, serán imprudentes, se llenarán de soberbia y amarán el placer en lugar de amar a Dios. Actuarán como religiosos pero rechazarán el único poder capaz de hacerlos obedientes a Dios. ¡Aléjate de esa clase de individuos! Pues son de los que se las ingenian para meterse en las casas de otros y ganarse la confianza de mujeres vulnerables que cargan con la culpa del pecado y están dominadas por todo tipo de deseos. (Dichas mujeres siempre van detrás de

nuevas enseñanzas pero jamás logran entender la verdad)
(2 Timoteo 3:1-7).

Este pasaje es una descripción clara de egocentrismo y falta de amor. Pero Dios puede producir y provocar amor aun en los corazones carentes de amor, así como es capaz de hacer santo a un pecador desesperado y egocéntrico. Dios puede usarte en este proceso. Y así es como mostramos amor a una persona difícil y carente de amor.

El amor es paciente y bondadoso. El amor no es celoso ni fanfarrón ni orgulloso ni ofensivo. No exige que las cosas se hagan a su manera. No se irrita ni lleva un registro de las ofensas recibidas. No se alegra de la injusticia sino que se alegra cuando la verdad triunfa. El amor nunca se da por vencido, jamás pierde la fe, siempre tiene esperanzas y se mantiene firme en toda circunstancia… ¡Pero el amor durará para siempre! (1 Corintios 13:4-8).

Este capítulo —las características del amor en su más pura expresión— es conocido como el capítulo del amor. He escuchado citarlo muchas veces en las bodas. Es de una carta como la que el apóstol Pablo le escribió a Timoteo, pero esta es para la iglesia en Corinto. A los corintios les resultaba difícil amarse unos a otros y entender realmente de qué se trataba el amor de Dios. Quiero dedicar un momento ahora a analizar cada una de las características que Pablo contrasta con el amor. El amor…

- *No es celoso ni fanfarrón.* Los creyentes en Corinto tenían celos de los dones espirituales que había entre ellos, al decir que algunos eran más importantes que los otros. Además eran fanfarrones y decían que sus líderes eran superiores a los líderes de otras iglesias de su época. Pablo quería que ellos vieran que todos eran siervos de Dios y parte del cuerpo de Cristo; y todos de igual importancia para el cumplimiento del plan de Dios. Fanfarronear es pensar solo en uno mismo, y amar es pensar primero en el otro.

- *No es orgulloso ni ofensivo.* Ser arrogante significa tener un concepto demasiado alto de uno mismo y considerarse más valioso e importante que los demás. La insolencia manifiesta una falta de respeto por los demás. Donde la arrogancia y la insolencia son habituales, el amor no está presente.
- *No exige que las cosas se hagan a su manera.* Cuando leo esto, inmediatamente pienso en un niño que quiere todo como a él le gusta, que busca atención y exige inmediata gratificación. El amor no es egoísta.
- *No se irrita ni es renuente a dejar pasar las ofensas.* El amor no se irrita ni se resiente; no guarda rencor. Si amas a alguien, no llevarás el registro continuo del mal o la ofensa que esa persona ha cometido contra ti. Esto no significa necesariamente olvidarte de ese asunto o sanar completamente la herida, sino poder perdonar.
- *No se alegra de la injusticia.* No hay lugar para alegrarnos de las injusticias. El amor entre los creyente no busca faltas en los demás, sino reconoce que nadie es perfecto; ni siquiera uno mismo.

Además de definir qué *no* es el amor, Pablo ofrece la definición más hermosa de lo que *sí* es el amor:

- *Paciente y bondadoso.* El amor no es apresurado.
- *Se alegra cuando la verdad triunfa.* El amor se deleita en las cosas buenas de la vida.
- *Nunca se da por vencido.* El amor quiere lo mejor para la otra persona aunque esa persona no sea fácil de amar.
- *Jamás pierde la fe, siempre tiene esperanzas y se mantiene firme en toda circunstancia.* ¡El amor durará para siempre!

Me entristece cuando las mujeres me dicen: "Julie, yo pensaba que nos amábamos cuando éramos novios… pensaba que nos amábamos cuando nos casamos… Me imaginaba la clase de amor de 1 Corintios

13 desde el principio... pero ahora es diferente... las cosas han cambiado". Recuerda siempre que amar es una *decisión*. El amor es una *elección*... es algo que tú *haces*. ¡El amor requiere acción! Mi amable respuesta es que la única persona a la que puedes cambiar eres tú. Comienza a orar y pide a Dios que te dé fortaleza para amar al hombre de tu vida; aun durante los tiempos difíciles. Dios puede usar tu amor verdadero y paciente para ayudar a restaurar la relación. Estudia a tu esposo. Aprende a hablar su lenguaje del amor. Comienza a ser la clase de persona amorosa que te gustaría que él fuese. Por favor, entiende que no me estoy refiriendo a ser un felpudo en nombre del amor y permitir que él te use y abuse de ti. Veremos este asunto en el capítulo 7. Permitir una mala conducta y que el abuso continúe *no* es verdadero amor. A veces el amor debe ser estricto; pero sigue siendo amor. Pide a Dios que te dé sabiduría y te guíe. ¡Él bendecirá y usará tu deseo de manifestar el amor que tienes por el hombre de tu vida!

## El significado del respeto

Las Escrituras instruyen a los esposos y las esposas a respetarse el uno al otro. Pero como hemos visto en este capítulo, el asunto del respeto significa mucho más para tu marido de lo que te imaginas.

"El hombre deja a su padre y a su madre, y se une a su esposa, y los dos se convierten en uno solo". Eso es un gran misterio, pero ilustra la manera en que Cristo y la iglesia son uno. Por eso les repito: cada hombre debe amar a su esposa como se ama a sí mismo, y la esposa debe respetar a su marido (Efesios 5:31-33).

Al principio, vimos una hermosa comparación del amor entre Cristo y su Iglesia. Cuando un hombre y una mujer se casan, se unen para toda la vida. De la misma manera, Jesús desea ser uno con nosotros como sus hijos y creyentes. La relación matrimonial es un recordatorio tangible y diario de la compañía eterna de Dios con sus hijos.

Pablo concluye este capítulo diciendo que, sobre todo, un esposo debe amar a su esposa y la esposa debe respetar a su esposo. No importa qué pueda decir nuestra sociedad sobre el rol de la esposa cristiana con respecto a la sumisión y el respeto piadoso; la Biblia es clara y sigue siendo la autoridad final. Honramos y glorificamos a Dios cuando le obedecemos.

También es importante notar que el mandato de respetar no es una afirmación condicional. Pablo no dijo: "Si tu marido te ama, entonces tú respétalo". Las Escrituras son muy claras sobre este asunto, y así es como debe ser. Cuando le muestras respeto a tu marido, llenas su "tanque de amor". ¡Y cuando él se sienta amado, querrá devolverte ese amor!

## *Preguntas para la reflexión*

1. ¿Conoces tu lenguaje del amor? ¿Conoces el lenguaje del amor de tu marido? Si no, haz el esfuerzo de descubrir cuál es el lenguaje del amor de cada uno de ustedes y si han estado usando el lenguaje correcto.

2. ¿Has estado faltándole al respeto a tu esposo porque no te sientes amada por él? Comienza a pensar en maneras simples de mostrarle respeto a lo largo del día, y luego pon en práctica esas tácticas. Recuerda que de ese modo estás honrando a Dios, y Él te bendecirá.

3. Si no te sientes amada, toma un momento para descansar en el Señor hoy. Lee su Palabra y descubre cuánto te ama Él. ¡Ningún hombre te amará tanto como Dios! Busca tu satisfacción primero en Él. Medita en estos pasajes de las Escrituras: 2 Corintios 5:17; Efesios 2:19; 1 Pedro 2:9-10; 1 Juan 4:7-12.

*Habla con tu esposo de...*

# 4 Cómo te sientes respecto a la vida sexual

*Cualquiera que crea que el camino al corazón de un hombre es a través de su estómago, reprobó geografía.*

ROBERT BYRNE

¿CUÁNTAS DE NOSOTRAS NOS PODEMOS IDENTIFICAR con la escena del restaurante de *When Harry Met Sally* [Cuando Harry conoció a Sally], en la que Sally simula un orgasmo y la mujer sentada en la mesa contigua le dice a su camarera: "Voy a pedir lo que ella ha pedido"? La mayoría de los hombres no tiene idea de cuánto significa para nosotros el sexo —es decir, una experiencia sexual *plena*—, ni se imagina el grado de nuestras esperanzas y temor relacionados con nuestro rendimiento sexual. (Pensé que debía comenzar este capítulo de un tirón).

Vivimos en una cultura saturada de sexo. Allá donde miremos, vemos imágenes seductoras y escuchamos palabras tentadoras. Puede que los hombres y las mujeres esperen cosas diferentes con respecto al sexo, pero es una de las fuerzas más poderosas de la naturaleza humana. Algunas parejas hablan abiertamente sobre sus deseos, zonas de placer, posiciones creativas y problemas relacionados con su vida sexual; pero muchas otras hablan de todo menos de su vida sexual. Cada cónyuge tiene que adivinar lo que desea el otro, y lo único que pueden esperar es alcanzar una unión emocional y física tal, que valga la pena el esfuerzo. Tal vez, uno o ambos cónyuges sientan vergüenza de su cuerpo, de problemas que han tenido en el pasado o de su rendimiento en el presente. O tal vez se sientan inseguros de su relación, de modo que no saben interpretar lo que verdaderamente significa el sexo. En vez de sentir que es gratificante y deleitoso, sienten que es manipulador y que no tiene sentido. Y algunas mujeres crecieron en familias donde el sexo simplemente nunca se mencionaba. Todos sabían que se practicaba ocasionalmente, pero era un tema tabú. Con nuestro silencio sobre el tema estamos siguiendo el ejemplo de nuestros padres, y les estamos dando el mismo ejemplo a nuestros hijos.

Los sueños y las esperanzas sexuales son completamente normales, y así son las luchas en este aspecto de nuestra vida. En este capítulo, quiero *desmitificar* el sexo con la verdad, y *dejar de magnificarlo*, por lo cual te mostraré algunas maneras de poder hablar con tu esposo acerca de tu vida sexual. Durante la revolución sexual, muchas personas se inclinaron hacia uno de dos extremos: o hablaban de sexo todo el tiempo, o bien era un tema tabú. Necesitamos un equilibrio saludable. No soy ninguna terapeuta sexual, pero puedo decir que Dios nos ha dado profundos conocimientos que pueden darnos libertad en el dormitorio.

## La realidad en el dormitorio

En nuestra conferencia *Love for Life* [Amor para la vida] llevada a cabo anualmente el fin de semana del día de los enamorados, el Dr. Kevin Leman habló de las diferencias entre el hombre y la mujer en el dormitorio. Mientras él hablaba, me reía al darme cuenta de la cómica realidad de lo que estaba diciendo. Cuando habló de cuándo prefieren tener relaciones sexuales los hombres y las mujeres, dijo: "Los hom-

> El sexo a los ochenta y cuatro es una experiencia maravillosa. Especialmente en el invierno.
>
> MILTON BERLE

bres prefieren tener relaciones sexuales en la mañana". Luego hizo una pausa y preguntó: "¿Y cuándo disfrutan más el sexo las mujeres?". Después de una larga y divertida pausa, dijo: "En junio".

Una encuesta de *Redbook* hizo un sondeo sobre los momentos de intimidad femeninos con dos preguntas: ¿Cuán a menudo tienes relaciones sexuales? ¿Cuán a menudo te gustaría tener relaciones sexuales? Este simple sondeo no hizo hincapié en la calidad del orgasmo o la creatividad de las posiciones. Se enfocó solo en la cantidad. Estos fueron los resultados arrojados:

| ¿Cuán a menudo tienes relaciones sexuales? | ¿Cuán a menudo te gustaría tener relaciones sexuales? |
|---|---|
| 5%—¡Al menos una vez al día! | 24%—Todos los días. |
| 25%—Tres a seis veces por semana. | 43%—Tres a seis veces por semana. |
| 35%—Una o dos veces por semana. | 26%—Una o dos veces por semana. |
| 19%—Dos o tres veces al mes. | 5%—Dos o tres veces al mes. |
| 10%—Una vez al mes o menos. | 2%—Una vez al mes o menos.[1] |

¿Te sorprenden estos resultados? Otro artículo de *Redbook* da a conocer la investigación de Michele Weiner Davis. Ella descubrió que el 60% de las mujeres dijo estar tan o más interesada en el sexo que su esposo. Como es de esperar, el deseo inferior de un cónyuge determina la frecuencia de las relaciones sexuales, pero la brecha entre el deseo y la realidad molesta mucho más a las mujeres que a los hombres. Y aunque no estoy segura de cuán confiable sea la muestra representativa de los lectores de *Redbook*, ¡sin duda, la encuesta en sí nos da motivos para razonar y acabar con el estereotipo tradicional de la esposa reacia![2]

Curiosamente, otro estudio encontró que los hombres prefieren mayor variedad de técnicas sexuales, estimulación y juegos, pero las mujeres prefieren constancia en las técnicas y el vínculo emocional de una conversación íntima y tierna.[3] Estas diferencias pueden ser causas de malentendidos, y si no se resuelven, pueden ocasionar conflictos serios.

Muchos hombres y mujeres albergan fantasías sexuales secretas que nunca hablan con nadie, ni siquiera con su cónyuge. Tienen el profundo deseo de mayor creatividad y gratificación en la cama, pero

tienen miedo de hablar de lo que desean. Pero el sexo creativo y esti-
mulante no es solo para las estrellas de Hollywood o los jóvenes atletas.
Según la encuesta de Tim y Beverly LaHaye en "El acto matrimonial
después de los 40", el 47% de los hombres "algunas veces" estimula
oralmente el clítoris de su esposa, el 48% de las mujeres lo disfrutan y
el 41% de las mujeres "algunas veces" usan la estimulación oral con su
esposo. (La señora de tu estudio bíblico que mira espantada, se acaba
de quedar boquiabierta).

## El plan de Dios para el sexo

Desde el principio, el sexo fue idea de Dios, y Él quiso que fuera
una de las actividades más gratificantes de la relación de pareja. El
acto matrimonial es inmensamente placentero, y une a los dos individuos en "una sola carne". La mayoría
de las iglesias no habla mucho sobre
sexo, de modo que muchos cristianos
sienten vergüenza de hablar del tema.
Debido a que se evita hablar de sexo,
algunas mujeres dan por hecho que
no debe de formar parte de la lista
de los mejores regalos de Dios. Pero
efectivamente, ¡es uno de los más importantes! Sin duda, la Biblia tiene

> El eros tiene cuerpos
> al desnudo; la amistad,
> personalidades al
> desnudo.
>
> C. S. LEWIS

mucho que decir sobre la pureza. Uno de los Diez Mandamientos
prohíbe el adulterio, y en muchos pasajes se nos advierte sobre el daño
que provocan las relaciones sexuales promiscuas. Salomón pasa gran
parte de los primeros nueve capítulos de Proverbios hablando del tema.

Entre las páginas de nuestra Biblia encontramos un pequeño libro
fascinante (¡y subido de tono!) llamado el Cantar de los Cantares.
Durante siglos, teólogos acartonados no han sabido qué hacer con este
pequeño libro. Parece describir una relación sexual apasionada, ¡pero,
seguramente, concluyeron que Dios no pondría algo como eso en la
Biblia! Pero Él sí lo puso. Veamos solo un par de extractos.

En un pasaje, el amante describe con bellas palabras el cuerpo de su
esposa. Describe su elegancia, y se deleita en "[pastar] entre los lirios",
que es un eufemismo de la exploración sexual íntima.

Tus labios son como una cinta escarlata;
    tu boca me cautiva.
Tus mejillas son como granadas color rosa
    detrás de tu velo.
Tu cuello es tan hermoso como la torre de David,
    adornado con los escudos de mil héroes.
Tus pechos son como dos cervatillos,
    los mellizos de una gacela que pastan entre los lirios.
Antes de que soplen las brisas del amanecer
    y huyan las sombras de la noche,
correré a la montaña de mirra
    y al cerro del incienso.
Toda tú eres hermosa, amada mía,
    bella en todo sentido (Cantares 4:3-7).

En otro pasaje, la mujer describe un momento particularmente placentero en los brazos de su amante. ¡Esta pareja no es para nada pasiva! Ella lo ve como una gacela que pasta, tan apuesto y fuerte como un venado joven. Y dice que huele increíblemente bien y que excita sus sentidos con especias aromáticas.

Tu brazo izquierdo estaría bajo mi cabeza
    y tu brazo derecho me abrazaría.
Prométanme, oh mujeres de Jerusalén,
    que no despertarán el amor hasta que llegue el momento apropiado...
Amada mía, tú que te entretienes en los jardines,
    tus compañeros tienen la dicha de oír tu voz.
¡Déjame oírla también!
¡Ven conmigo, mi amor! Sé como una gacela,
    o como un venado joven sobre los montes de especias
                      (Cantares 8:3-4, 13-14).

¿"Sobre los montes de especias"? ¿"Te entretienes entre los jardines"? ¿Puedes creer que esto está en la Biblia? No estoy segura de si encontrarás esto en el video del estudio bíblico de esta semana. Pero es apasionante. Aunque muchas mujeres reprimen su deseo sexual y se conforman con un placer limitado en la cama. La autora Linda Dillow comentó: "Algunas mujeres han pasado tantos años 'reprimiendo' sus pasiones sexuales en un intento por seguir siendo puras, que les resulta difícil abrir de repente las compuertas para que fluya el deseo sexual". No te dejes engañar más por la idea de que el plan de Dios para ti no incluye el placer sexual. La expresión desinhibida, amante y placentera del deseo sexual en el matrimonio es buena y piadosa. El estremecimiento que disfrutamos con nuestro esposo cumple con nuestros votos matrimoniales de ser uno. Dios no nos mira con el ceño fruncido cuando planificamos nuestros encuentros sexuales creativos con nuestro esposo, ni nos mira con disgusto cuando disfrutamos de verdad. Él se deleita cuando disfrutamos los buenos regalos que nos ha dado.

## Dificultades comunes

Pero para algunas mujeres, puede que no todo esté bien entre las sábanas. Investigaciones recientes revelan que el 50% de las mujeres considera que el sexo o es depresivo y vergonzoso, o bien una molestia. Una cifra significativa, el 29%, dice estar demasiado cansada para participar de una relación sexual apasionada. Tener hijos puede minar el deseo sexual y las oportunidades de tener relaciones sexuales. Las mujeres dicen que además de estar exhaustas por cuidar a sus hijos todo el día, tienen miedo de que sus hijos puedan entrar cuando están haciendo el amor. De hecho, más de la cuarta parte de las mujeres encuestadas dijo que su vida sexual declinó en entusiasmo y frecuencia cuando tuvieron hijos.[4]

> Algunas mujeres han pasado tantos años "reprimiendo" su pasión sexual en un intento por seguir siendo puras, que les resulta difícil abrir de repente las compuertas para que fluya el deseo sexual.
>
> LINDA DILLOW

Puede que las mujeres pierdan el interés en el sexo por varias razones. Una de cada tres mujeres informa de un declive en el deseo sexual en algún momento de su vida. El riesgo de quedar embarazada hace que algunas mujeres sean más cautelosas. Puede que los hombres se sientan libres de participar de la relación sexual cada vez que tienen deseos, pero la mujer, intuitivamente, sabe que el placer de un momento podría resultar en un bebé; y por ende, en un estilo de vida completamente diferente y un nuevo peso de responsabilidad.

Sin lugar a dudas, la calidad de la relación de la mujer con su esposo afecta en gran manera el deseo de ella de ir a la cama con él. Tal vez, él pueda aislar los conflictos relacionales y dejarlos fuera del dormitorio, ¡pero ella no puede! La ternura, la comprensión y la paciencia son importantes para que una mujer se excite, y esas cosas escasean cuando el resentimiento gobierna el hogar. Desdichadamente, en tales casos, la antigua tradición de un "rapidito" para aliviar al esposo llega a ser la norma de las relaciones sexuales de la pareja, lo cual hace que la esposa se sienta vacía y menos amada.

Las fluctuaciones en el nivel de hormonas afectan al deseo sexual. El amamantamiento y la menopausia pueden reducir la pasión de una mujer. Además, menores niveles de estrógenos ocasionan sequedad vaginal, con lo cual, las relaciones sexuales son más dolorosas. Muchas autoridades dicen que nuestras hormonas alcanzan su punto máximo alrededor de los 25 años y declinan gradualmente hasta la menopausia, cuando descienden drásticamente. Desde luego, el estrés emocional, como el agotamiento y la depresión, apagan el deseo sexual de la mujer, y algunas de las medicaciones recetadas para tratar estos problemas también tienen efectos negativos en la libido.

En las mujeres, los fuertes cambios en el estilo de vida a menudo tienen un efecto negativo en el deseo sexual. Tener hijos, mudarse a otra comunidad, haber sido despedida de un trabajo, cuidar de padres ancianos y cualquier otro cambio importante puede anular la pasión y hacer que el sexo sea menos atrayente.[5]

Sin embargo, el estrés externo es solo parte del problema. Las mujeres que tienen sobrepeso, a menudo evitan las relaciones sexuales porque se avergüenzan de su cuerpo. Un estudio de estas mujeres casadas reveló que el 10% no había tenido relaciones sexuales en un año, y el 70% dijo hacer todo lo posible para evitar que su cónyuge la vea desnuda. Entonces, han buscado maneras creativas de permanecer ocultas:

Simulan tener dolor de cabeza.

Tienen relaciones sexuales con la luz apagada.

Se desvisten antes de que su marido vaya a la cama.

Se ponen una camisola o camisón.

Se quedan bajo las sábanas.

Sabes que estás metida en problemas cuando él llega a casa el día de los enamorados y tú tienes puesta una vieja bata agujereada, tus horribles anteojos gruesos y tienes el cabello recogido con un rodete.

## Tu cuidado personal

La experta en sexo y relaciones, Tracey Cox, comenta: "El sexo tiene que ver con lo que sucede por dentro, no con cómo nos vemos por fuera, pero la sociedad definitivamente dictamina que la delgadez es atractiva. De modo que cuanto más delgada es una persona, tiende a sentirse más segura sexualmente".[6] Sin embargo, el sobrepeso es a menudo un asunto más complejo que el simple hecho de no saber cuándo dejar de comer. Para muchas mujeres, el estrés de la vida y el sentimiento de soledad parecen ser abrumadores, y la comida es la forma de consuelo más consistente que pueden encontrar. Incluso otras se sienten tan amenazadas por el riesgo al rechazo en las relaciones, que inconscientemente comen para engordar. No quieren ser atractivas para que los demás no esperen mucho de ellas. Ser obesa disminuye el riesgo de intimidad.

### *¡Habla con tu esposo!*

¿Has reflexionado sobre tu vida sexual al leer este capítulo? Estoy segura de que sí. Es probable que recuerdes el tiempo cuando el sexo era excitante y placentero para ti. Puede volver a serlo. ¡Puede llegar a ser incluso mejor! Sin embargo, no lograrás mucho sin ser sincera contigo misma y comprometerte a hablar más abiertamente con tu esposo sobre tus deseos y tus temores. Como la mayoría de los expertos en sexo afirmarían, las relaciones sexuales apasionadas nunca comienzan en el dormitorio. La comunicación y la creatividad son el condimento de lo que ocurre entre las sábanas.

Los hombres pueden ser muy recelosos de sus proezas sexuales, de modo que ten cuidado con tu manera de iniciar tu conversación sobre sexo. Podrías comenzar el diálogo con un comentario sobre la vez que tuvieron una relación sexual muy divertida. Dile cuánto lo deseas (eso le estimulará y bajará sus defensas), y explícale que quieres que esta parte de la relación sea rica e importante para ambos. No señales ninguno de los defectos por su parte; habla solo de tus propias esperanzas y deseos. Recuerda que él se edifica cuando es respetado.

A medida que se desarrolle la conversación, cuéntale cualquier temor o desmotivación que puedas sentir, e invítale a hablar en serio. Asegúrate de escucharle cuando responda. Si alguno de los dos se pone nervioso o a la defensiva, no dejes que tus emociones se agraven. Interrumpe la conversación y dile: "Lo siento. No quiero que pase esto. Te amo mucho, y quiero que esta parte de nuestra vida sea maravillosa para ambos. Mejor hablemos de esto mañana".

Piensa en los factores que inhiben e incrementan el placer sexual, y habla acerca de ellos con tu esposo. Algunos de esos factores no le sorprenderán; él es muy consciente de cómo te afectan los cambios de estilo de vida, las presiones financieras y las dificultades en la crianza de los hijos. Pero puede que no sepa cómo o cuánto te afectan tus cambios hormonales y otros asuntos fisiológicos. Hablar de esto puede dar lugar a la comprensión, y esta es una situación ideal para la ternura y la intimidad.

No te enfoques solo en los problemas. Dile qué te estimula y qué te produce más y menos placer. Puede que él piense que meterte la lengua hasta la garganta sea excitante. (Y puede que lo que menos sientas tú es excitación, puesto que ni siquiera puedes respirar). Para muchas mujeres, una buena lubricación cubre multitud de problemas. No escatimes en esta simple solución. Ten un envase de lubricante junto a la cama, y prepárate para usarlo.

El solo hecho de tenerlo a mano ayuda a algunas mujeres a relajarse y a reaccionar mejor al juego sexual previo.

En muchas áreas de la vida, la predictibilidad es una virtud, pero en el sexo puede ser mortal. De hecho, procura salir de la rutina en diversos aspectos de tu vida: cocina, televisión, pasatiempos, temas de conversación, horarios y especialmente tu vida sexual.

En este libro, he advertido contra el peligro de fantasear con un encuentro íntimo con otros hombres, pero quiero animarte a soñar con una relación sexual apasionada con tu esposo. Esta clase de fantasías es un buen primer paso para lograr una perspectiva nueva sobre el sexo. Piensa en el juego sexual previo y ten creatividad para buscar otros momentos y lugares para tener relaciones sexuales. Piensa también en cómo podrías seducirlo de una manera nunca imaginada. Puede que nos cansemos tanto y que nuestra rutina sea tan monótona, que lentamente vayamos perdiendo todo el entusiasmo. No permitas que eso te suceda. Es probable que no haya un cambio sin un plan, y una fantasía picante podría ayudarte a planificar mucho mejor.

Y en el momento indicado, cuando ambos están sexualmente excitados, dale detalles de lo que te causa placer. Algunos esposos no entienden totalmente el enorme placer que encontramos en los ocho mil nervios de nuestro clítoris; ¡y todas estas terminaciones nerviosas han sido diseñadas para darnos el máximo placer! Una suave estimulación puede llevarnos al éxtasis.

Pero la estimulación del clítoris no es la única fuente de placer. En la década de 1950, el Dr. Ernest Grafenberg describió un punto en la pared anterior de la vagina de la mujer, llamado "punto G" en honor a él, que produce inmenso placer sexual. La glándula parauretral está ubicada entre la uretra y la vagina. La estimulación del punto G generalmente lleva más tiempo que el orgasmo clitoral, pero el efecto puede ser aun más intenso; en realidad, tan intenso que no todas las mujeres lo disfrutan. Muchas parejas ni siquiera saben que existe este punto, pero cuando lo descubren, ese descubrimiento puede cambiar su vida sexual como ninguna otra cosa.

> Solo porque comiences a experimentar un orgasmo (punto G) ¡no significa que tengas que detenerte! Aunque es mucho más difícil que los hombres experimenten múltiples orgasmos, las mujeres se permiten el lujo de tener un período refractario mucho más breve, por lo cual, pueden ser como el conejito del comercial de *Energizer,* y tener un

orgasmo y otro y otro, si lo desean. El cuerpo de la mujer es capaz de experimentar estas intensas oleadas de placer, una y otra vez, durante varios minutos (algunas dan parte de hasta media hora o más).[7]

No sigas esperando. Abre el diálogo con tu esposo hoy. Creo que él se sentirá entusiasmado y aliviado de que hayas sacado el tema. No; mejor dicho, estoy segura. Es probable que él haya querido hablar de la vida sexual hace mucho tiempo, pero no sabía cómo. Dile cuán feliz eres de ser suya, y dile que quieres que la vida sexual de ustedes sea mejor que nunca. ¡Un poco de seducción y pasión no le hacen mal a nadie!

## En la Palabra: Aplicación práctica

Sé lo que estás pensando. ¡Una sección de aplicación práctica en el capítulo sobre sexo! Si te has saltado otras secciones de aplicación práctica previas del libro, discúlpame; ¡pero no pude incluir ilustraciones!

### Matrimonio con poco o nada de sexo

Si estás casada, comencemos por los puntos en común. Todas hemos permitido que las exigencias y las presiones de la vida nos roben no solo algunas experiencias sexuales con nuestro esposo, sino también algunos de nuestros deseos sexuales. Sé que muchos hombres y mujeres incluso sienten la tentación de designar el lapso de vida entre los 35 y 55 años como una etapa de la vida libre de sexo. Se conforman con un matrimonio con poco o nada de sexo, que ha perdido su pasión y romance. El deseo sexual inhibido (o poco), o DSI —también conocido como aversión sexual o deseo sexual hipoactivo— cada vez es más común entre personas que se dedican casi a todo menos al aspecto sexual y a alcanzar gratificación. Y este no es solo un trastorno femenino; casi la misma cantidad de hombres sucumbe ante este problema como lo hace su pareja. Además, el estrés y las exigencias de la vida no son las únicas cosas que las parejas deben considerar y saber manejar. También debemos tener en cuenta la biología de nuestro cerebro y los inevitables cambios hormonales y fisiológicos que afectan a la capacidad y el deseo sexual a lo largo de nuestra vida. Y luego está el problema de nuestra relación en sí y cuán bien la estamos cultivando.

Quiero hablar brevemente de los matrimonios con poco o nada de sexo, comenzando primero con instrucciones bíblicas referentes al sexo y luego con un análisis más clínico del problema y qué hacer al respecto.

## Instrucciones bíblicas

Pablo aborda de manera directa el asunto del sexo. "No se priven el uno al otro de tener relaciones sexuales, a menos que los dos estén de acuerdo en abstenerse de la intimidad sexual por un tiempo limitado para entregarse más de lleno a la oración. Después deberán volverse a juntar, a fin de que Satanás no pueda tentarlos por la falta de control propio" (1 Corintios 7:5). Cuando le sumamos Proverbios 5:15, 18-19, la descripción de lo que Dios ha diseñado para nosotros queda completa: "Bebe el agua de tu propio pozo, comparte tu amor sólo con tu esposa… Que tu esposa sea una fuente de bendición para ti. Alégrate con la esposa de tu juventud. Es una cierva amorosa, una gacela llena de gracia. Que sus pechos te satisfagan siempre. Que siempre seas cautivado por su amor".

Estos pasajes instruyen claramente a los cónyuges a no privarse el uno al otro de tener relaciones sexuales. El sexo se ve más como un apetito y una responsabilidad mutua. No te rindas ni seas esclava de los sentimientos de un matrimonio con poco o nada de sexo, aunque esos sentimientos incluyan apatía y falta de atracción hacia tu pareja. Si lo haces, que ambos estén de acuerdo en abstenerse de la intimidad sexual con el propósito de tener mayor intimidad con Dios. Los escritores de la Biblia reconocen que el sexo es un impulso que necesita su lugar continuo en el matrimonio. Por lo tanto, si estamos permitiendo que otra cosa, ajena a la comunión con Dios, interfiera en la continuidad de las relaciones sexuales (y no necesariamente frecuentes), hemos cruzado un límite que nos está hiriendo a nosotras y a nuestro matrimonio, un límite que nos tentará a hacer más daño si seguimos.

La Biblia también aborda de manera directa la inmoralidad sexual. Cuando tienes hambre y tu estómago está vacío, ¿qué haces? Buscas comida, ¿verdad? Lo mismo sucede con la gratificación sexual. Si el apetito sexual no es satisfecho, la tentación de ir en busca de satisfacción es fuerte. Hebreos 13:4 dice: "Honren el matrimonio, y los casados manténganse fieles el uno al otro. Con toda seguridad, Dios juzgará a los que cometen inmoralidades sexuales y a los que cometen adulterio". Pablo les hace el siguiente recordatorio a los corintios:

> ¡Huyan del pecado sexual! Ningún otro pecado afecta tanto el cuerpo como éste, porque la inmoralidad sexual es un pecado contra el propio cuerpo. ¿No se dan cuenta de que su cuerpo es el templo del Espíritu Santo, quien vive en ustedes y les fue dado por Dios? Ustedes no se pertenecen a sí mismos, porque Dios los compró a un alto precio. Por lo tanto, honren a Dios con su cuerpo (1 Corintios 6:18-20).

Pero aunque podamos comparar el sexo con el apetito por la comida, ¡es mucho más! Los corintios creían que el sexo *solo* tenía que ver con satisfacer un apetito y no había diferencia con la necesidad de comida. Pablo les advirtió contra esta clase de perspectiva: "'La comida se hizo para el estómago, y el estómago, para la comida'. (Eso es cierto, aunque un día Dios acabará con ambas cosas). Pero ustedes no pueden decir que nuestro cuerpo fue creado para la inmoralidad sexual. Fue creado para el Señor, y al Señor le importa nuestro cuerpo" (1 Corintios 6:13).

La intimidad física tiene que ver con la unión de dos cuerpos y dos almas con el propósito de gratificarse y celebrar una unión que Dios ha ordenado y bendecido. Son dos personas que honran al Señor con su cuerpo al unir íntimamente su carne y espíritu en un vínculo de amor y deseo puros. Cuando esto sucede, el esposo y la esposa se satisfacen sexualmente, y ¡Dios es glorificado!

## Una definición terapéutica

El DSI (deseo sexual inhibido) es simplemente un bajo nivel de interés sexual. Una persona con DSI no incita una actividad sexual ni responde al deseo de su cónyuge. El DSI puede ser primario (la persona nunca siente mucho deseo o interés sexual) o secundario (la persona solía tener deseo sexual, pero ya no). El DSI también puede tener que ver solo con el cónyuge, lo cual conlleva un riesgo de infidelidad (la persona con DSI está interesada en otra persona, pero no en su cónyuge), o puede ser general (la persona con DSI no está sexualmente interesada en nadie). En una forma extrema de aversión sexual, la persona no solo carece de deseo sexual, sino también podría sentir que el sexo es detestable y repulsivo. A veces, el deseo sexual no está inhibido. Los dos cónyuges podrían tener diferentes niveles de interés sexual, aunque ninguno de sus niveles de interés está dentro de los rangos normales. Una persona podría afirmar que su cónyuge tiene un trastorno sexual inhibido, cuando en realidad esa persona tiene un deseo sexual hiperactivo y es sexualmente exigente.

## Causas y factores de riesgo

El DSI es un trastorno sexual común. A menudo ocurre cuando uno de los cónyuges no se siente íntimo o cercano al otro. Problemas de comunicación, falta de demostraciones de afecto, dificultades y conflictos de poder, factores estresantes crónicos y externos y la falta de suficiente tiempo solos para estar juntos son factores habituales. El DSI también puede ocurrir en personas que han tenido una educación muy estricta con respecto al sexo, personas que han aprendido actitudes negativas hacia el sexo y personas que han sido víctimas de experiencias traumáticas sexuales (tales como violación, incesto o cualquier otro abuso sexual).

Las enfermedades y varios medicamentos también contribuyen a este trastorno, especialmente cuando causan fatiga, dolor o sentimientos generales de desesperación. A veces puede tratarse de la falta de ciertas hormonas. Condiciones psicológicas como la ansiedad, la depresión y el exceso de estrés pueden apagar el interés sexual. Los cambios hormonales también pueden afectar a la libido. Factores que comúnmente pasamos por alto incluyen el insomnio o la falta de sueño, lo cual produce fatiga. El DSI también puede asociarse a otros problemas sexuales y a veces puede estar causado por ellos. Por ejemplo, la mujer que no puede tener un orgasmo o tiene dolor en el coito y el hombre que tiene problemas de erección (impotencia) o eyaculación retardada pueden perder interés en el sexo, porque lo asocian con pérdida o fracaso, o porque el sexo ya no les causa placer.

## Soluciones o tratamiento

El tratamiento debe apuntar a los factores que podrían estar disminuyendo el interés sexual. Algunas parejas necesitarán una terapia relacional o matrimonial antes de enfocarse en enriquecer la actividad sexual. Algunas parejas necesitarán que se les enseñe a resolver los conflictos y las diferencias en áreas no sexuales. Un adiestramiento en la comunicación podría ayudar a los cónyuges a aprender a hablar, mostrar empatía, resolver sus diferencias con sensibilidad y respetar los sentimientos del uno y del otro. Los cónyuges también podrían necesitar aprender a expresar el enojo de manera positiva, reservar tiempo para realizar actividades juntos y tener demostraciones de afecto para motivar el deseo sexual.

Muchas parejas también necesitarán enfocarse en su relación sexual. Con educación y deberes para la pareja, los cónyuges pueden aprender a incrementar el tiempo que dedican a la actividad sexual. Algunos necesitarán enfocarse en cómo acercarse sexualmente el uno al otro de una manera más interesante que despierte el deseo sexual, y en cómo rechazar de una manera delicada y prudente una invitación sexual.

Si los cónyuges tienen problemas para excitarse o con su desempeño sexual y esto afecta a su impulso sexual, deberán abordar este problema de manera directa. Algunos médicos recomiendan tratar a las mujeres con testosterona en crema o píldoras, generalmente combinada con estrógeno; pero aún no se han encontrado claras evidencias de que esto sea eficaz. Se están realizando estudios para determinar el posible beneficio de la suplementación de testosterona para mujeres con una disminución de libido.

Los trastornos en el deseo sexual son a menudo difíciles de tratar. Parecen ser incluso más difíciles de tratar en los hombres. Para obtener ayuda, busca a alguien que se especialice en terapia sexual y matrimonial.

## Cómo recuperar el interés sexual

Cuando ambos cónyuges tienen poco deseo sexual, el nivel de interés sexual podría no ser la causa de los problemas en la relación. Por otro lado, el poco deseo sexual podría ser señal de una mala relación.

En una relación amorosa y excelente, el poco deseo sexual podría causar que uno de los cónyuges se sintiera herido y rechazado. Esto puede producir sentimientos de resentimiento y hacer que los cónyuges se sientan emocionalmente distantes. El sexo puede acercar más a la pareja o bien separarlos lentamente. Cuando un cónyuge está menos interesado en el sexo que el otro, y esto se ha convertido en una fuente de conflicto, deberían buscar ayuda profesional antes de que la relación se vuelva mucho más tensa.

Una buena manera de superar y prevenir el DSI es apartar tiempo para la intimidad no sexual. Los cónyuges que reservan tiempo cada semana para hablar y para tener una cita a solas sin los niños tienen una relación más cercana y es más probable que sientan interés sexual. Los cónyuges deberían también separar el sexo de las manifestaciones de afecto, para no tener miedo de que las demostraciones de afecto siempre se vean como una invitación a tener relaciones sexuales. Leer libros, participar en cursos de comunicación para parejas, o masajes también pueden fomentar sentimientos de cercanía.

Apartar regularmente un "prime time" (antes que llegue la apatía) para hablar y para la intimidad sexual enriquecerá la intimidad y el deseo sexual. Los cónyuges que están en la mediana edad y los de edad avanzada deben tener la iniciativa de planificar un tiempo para la relación sexual y otras intimidades. Los cónyuges con altos niveles de responsabilidad deben hacer de esto una prioridad, o siempre surgirán o interferirán otras cosas.

## Preguntas para la reflexión

1. ¿Te resulta difícil hablar con tu esposo de sexo? Si eres soltera, ¿conoces el punto de vista de tu novio con respecto al sexo en el matrimonio? ¿Cuáles son las barreras personales que te impiden hablar de este tema?

2. En una escala del uno al diez, con el uno como muy bajo y el diez como muy alto, ¿cuál es el nivel actual de tu deseo sexual? ¿Cómo puedes subir el nivel en esta escala?

3. ¿Has iniciado alguna vez una relación sexual con tu esposo? Si no, ¿piensas que si lo hicieras ayudaría a mejorar la relación entre ustedes?

4. Aparta un momento para orar y pedirle a Dios que te muestre las áreas de la relación sexual con tu esposo que podrían mejorar. Pídele que te dé la fortaleza y la voluntad de tratar estos problemas y hacer los cambios necesarios. Luego programa un momento para hablar con tu esposo de lo que Dios te ha revelado.

*Habla con tu esposo de...*

# 5 Tu pasado: Secretos y asuntos privados

*Tu pasado no es tu pasado mientras siga afectando a tu presente.*

UNA AMIGA MÍA LE PREGUNTÓ A SU HERMANA: "¿Qué cosa *nunca* quisieras que tu esposo sepa de ti?". ¡Qué pregunta!

Tal vez, todo esté en orden en tu vida, y no tengas ningún secreto oscuro u oculto. Pero muchas mujeres sí. O tal vez, no pienses en esos asuntos privados todo el tiempo; pero en ciertos momentos, un álbum de fotos antiguas, un olor en particular o una canción antigua en la radio te traen imágenes del pozo profundo de tus recuerdos. La novelista y escritora infantil norteamericana Alicia Hoffman comentó: "Creo que los secretos a menudo salen a la luz. Hablaba con una amiga que es terapeuta y le pregunté si había personas que admitían delante de ella haber hecho cosas horribles, y ella dijo: 'Más de las que te imaginas'". Algunas de esas cosas horribles son pecados cometidos que hieren a Dios, a nosotras mismas o a las personas que amamos, y otras son cosas horribles que los demás nos han hecho.

## Cuando siguen ocultos

Cuando no queremos enfrentarnos a esos dolorosos fantasmas y los mantenemos en el armario, conservan su poder sobre nosotras. ¿Has pensado alguna vez cuántas escenas de las películas de terror transcurren de noche? Los recuerdos que nos acechan se alimentan de nuestros temores secretos, y multiplican nuestro sentimiento de temor. El temor al rechazo es bastante típico para la mayoría de las mujeres, pero las personas con fantasmas del pasado a menudo viven con los temores paradójicos de que no sepan quiénes son (porque saben que no son francas ni sinceras sobre sus secretos) y el temor de quedar expuestas (si alguien supiera la verdad). ¿Te puedes identificar con esta paradoja? Espero que no, pero muchas mujeres pueden identificarse muy fácilmente con esto.

Nunca olvidaré cuando me encontré inocentemente con un ex novio de la escuela secundaria mientras salía con Tim. Había regresado a Montana a la casa de mis padres durante unas vacaciones en la universidad, y decidí ir a patinar con algunos amigos. Aquella tarde, me crucé con mi ex novio. Tim, que todavía estaba en Virginia, se quedaba en la casa de mis padres durante nuestras vacaciones en la universidad, y tenía programado llegar a Montana algunas semanas después que yo. No encontraba ninguna razón para mencionar que me había encontrado con mi antiguo grupo en la pista de patinaje… ¡hasta que el desvergonzado empezó a llamarme por teléfono!

Tim, que ya había llegado a la casa de mis padres, estaba sospechando y se preguntaba quién me estaría llamando y por qué. Ahora yo estaba "patinando" sobre un terreno peligroso, pero este patinaje no era divertido. Estuve evadiendo el tema por mucho tiempo sin decirle la verdad a Tim, hasta que se terminó. Un día, el fulano de la escuela secundaria me llamó. Tim, que no estaba muy lejos, preguntó quién era y pidió saludarlo. Bueno, eso fue cómico. No hace falta decir que allí se terminó el drama con el "tercero en discordia". Pero por un tiempo, Tim y yo sufrimos una pérdida de la confianza.

## Cuando tu pasado se cruza con tu presente

Demasiadas mujeres han sufrido durante años bajo una nube de arrepentimiento, culpa y vergüenza por cosas que hicieron hace décadas, y muchas otras han vivido con amargura contra alguien que las hirió.

Muchas mujeres se sienten abrumadas por una combinación letal de vergüenza y amargura. Los sucesos que causaron estos sentimientos abrumadores podrían haber ocurrido hace mucho tiempo, pero pueden afectar a cada decisión y relación del presente.

Susana pidió hablar conmigo después que yo diese una charla en una de nuestras conferencias. Ella tenía una dulce sonrisa, pero podía notar que algo la estaba turbando. Fuimos a un restaurante, y pedí que nos dieran una mesa apartada donde pudiéramos hablar en privado. Yo sentía que ella necesitaba hablar de algo realmente importante. Después

> Nunca he intentado borrar los recuerdos del pasado, aunque algunos sean dolorosos. No entiendo a las personas que se esconden de su pasado. Todo lo que vivimos, nos ayuda a ser las personas que somos hoy.
>
> SOFÍA LOREN

de algunos minutos de entrar en confianza, una lágrima comenzó a rodar por sus mejillas mientras decía: "Julie, no puedo seguir viviendo con esto". Durante los veinte minutos siguientes, me contó la angustia que había soportado durante 27 años.

Cuando ella estaba en la escuela secundaria, había salido con una estrella de fútbol. Tuvieron relaciones sexuales varias veces, y quedó embarazada. Estaba aterrada, y sentía que no podía contarle eso a sus padres; especialmente a su padre. Una amiga cercana la llevó a un médico, que le practicó un aborto clandestino. Ella esperaba que con eso se acabara todo. Pero no fue así, para nada.

Cuando empezó a salir con Felipe, nunca mencionó una palabra sobre su previo embarazo y aborto. Todo lo que él sabía era que ella era virgen en su noche de boda. Ella me dijo: "Tenemos tres hermosos hijos, y aparentemente, un matrimonio feliz". Respiró hondo y luego dijo: "Hice todo lo posible para sacarlo de mi cabeza, pero no puedo. Pienso en ese precioso bebé casi todos los días. Cada vez que escucho a bebés llorar, siento como si me volviera loca". Se tomó un segundo para componerse.

—Julie ¿me puedes ayudar? No sé a quien más recurrir.

—¿Has pensado en contárselo a Felipe? —le pregunté.

—Casi un millón de veces —me respondió instantáneamente con una mirada desesperada.

—¿Por qué no lo hiciste? ¿Piensas que se enojaría?

—Cuando recién nos casamos, no quería que tuviera una mala imagen de mí. Después, a medida que pasaban los años, me di cuenta de que si se lo contaba, él tendría todo el derecho a preguntarme por qué lo había mantenido en secreto. Al principio tenía miedo por una razón, y después por otra. De un modo o de otro, lo mantenía en secreto —dijo con un suspiro.

—¿Cómo piensas que esto ha afectado a la relación entre ustedes? —le pregunté.

—No lo sé. Él es muy bueno conmigo, pero siempre tengo una leve sospecha en mi corazón. Me pregunto cómo respondería si lo supiera. Pienso que lo aceptaría. Y probablemente me perdonaría; pero tengo esta pequeña duda que me atormenta. Puedo escuchar en mi mente que dice que soy una asesina de bebés. Pienso que esto ha afectado a mi confianza en él. —De repente, tiene una mirada retrospectiva en sus ojos—. Sé que parece ridículo que *no confíe en él*. Soy yo, no él —me respondió mientras se hacía el cabello hacia atrás y trataba de componerse y secarse las lágrimas.

La relación de Susana con Felipe había sido amancillada por un pecado secreto. Vamos a ver el poder de los secretos, tanto de los pecados como de las heridas.

## La desventaja

Un secreto puede ser tan insignificante como ocultar el dinero adicional gastado en un par de zapatos nuevos, o tan importante como tratar de encubrir a un hijo corrupto. Otros secretos podrían incluir mantener en privado el peso del consumo de drogas, ocultar al-

> No podemos cambiar nuestro pasado. No podemos cambiar el hecho de que las personas actúen de cierta manera. No podemos cambiar lo inevitable. Lo único que podemos hacer es manejar lo que tenemos… que es nuestra actitud.
>
> CHUCK SWINDOLL

guna otra adicción o permitir que asuntos, que no se hablan, como por ejemplo el abuso, afecten negativamente al matrimonio.

Por lo general, los secretos se guardan por dos razones principales: temor y vergüenza. El temor incluye el sentimiento de que algo malo pudiera pasar como resultado de revelar un secreto. La vergüenza incluye el continuo bochorno y la culpa no resuelta que provoca un secreto. Sin embargo, no revelar un secreto provoca un doble dilema: una especie de proposición en la que de todas formas pierdo. Si lo revelo, podría provocarle un daño irreparable a mi matrimonio. Pero si no lo revelo, nunca resolveré la culpa y la vergüenza que me atormentan; y seguramente, con el tiempo, eso deteriore el matrimonio. El resultado final deja a la persona que guarda el secreto en un estado de confusión, temor y como de estar caminando sobre la cuerda floja.

## Asuntos privados

En mis charlas sobre los secretos con mujeres de todo el país, han mencionado una amplia variedad de asuntos que las siguen atormentando. Sin embargo, hay tres que sobresalen: el aborto, la promiscuidad sexual y alejarse de sus seres queridos.

Según el Instituto Guttmacher, el 43% de las mujeres norteamericanas ha tenido un aborto. Me impresionó ese dato la primera vez que lo leí. En muchos casos, el sobresalto al enterarse de su embarazo las dejó atónitas a la hora de tomar una decisión. Un día, una semana, un mes o un año más tarde, comenzaron a batallar con lo que hicieron. La mayoría de esas mujeres eran solteras cuando se hicieron el aborto, pero algunas estaban casadas. Para algunas mujeres, un mal matrimonio y las presiones financieras de sumar otra boca que alimentar parecían demasiado intimidantes. Algunas ni siquiera le dijeron a su marido que estaban embarazadas. Un estudio informa que casi la mitad de todos los embarazos en los Estados Unidos no son buscados, y de estos, el 40% termina en un aborto.[1]

Otro estudio de mujeres en grupos de apoyo post-aborto reveló estas estadísticas:

- El 70% tenía previamente una perspectiva moral negativa con respecto al aborto.

- Del 30% al 60% quería tener a su bebé.
- Más del 80% lo hubiera aceptado en mejores circunstancias o con más apoyo de sus seres queridos.
- El 53% se sintió obligada a tener un aborto por sus familiares.
- El 64% se sintió forzada a tener el aborto por las circunstancias de sus vidas.
- Casi el 40% aun así seguía esperando conocer alguna alternativa al aborto cuando se presentó en la clínica de aborto para recibir consejería.[2]

Hoy día, cada vez hay más mujeres que buscan consejería para resolver la culpa que sienten por el aborto ocurrido hace muchos años. Menciono esto no para abrir una antigua herida, sino para ayudarte a entender que no tienes que seguir viviendo en silencio y vergüenza. Dios perdona y sana a las mujeres después del aborto.

La promiscuidad sexual del pasado es un reto aún más común que atormenta a las mujeres. Para muchas, el hecho de que "todas lo hacían" podría aliviar temporalmente el remordimiento de la culpa, pero estos pensamientos y sentimientos dolorosos aparecen una y otra vez. El Instituto Guttmacher informa que para cuando tienen 15 años, solo el 13% de las adolescentes ha tenido relaciones sexuales alguna vez. Sin embargo, para cuando cumplen 19 años, siete de cada diez adolescentes ha tenido relaciones sexuales. En el presente, los padres de estudiantes de escuela secundaria deben preocuparse por las experiencias sexuales de sus hijos. La rápida propagación de enfermedades de transmisión sexual es un problema enorme. Se calcula que cuatro millones de jóvenes de 12 a 17 años contraerán una enfermedad de transmisión sexual solo este año.

La culpa, la preocupación por el perdón de Dios y los efectos resultantes de la promiscuidad sexual provocan heridas profundas. Algunas de las mujeres con las que he hablado tuvieron aventuras amorosas mientras estaban casadas. Al principio, trataban de justificarse debido a la apatía emocional de sus esposos hacia ellas, y desde entonces han tratado de excusar sus aventuras amorosas al considerar que no eran motivo para preocuparse. Pero sus angustiantes recuerdos revelan que las aventuras amorosas *sí* son motivo para preocuparse. Descubrí esta estadística bastante interesante: Las aventuras amorosas no son solo para los jóvenes. Un estudio muestra que las aventuras amorosas extramatrimoniales ocurren en el 13% de las parejas de 18 a 29 años de edad. La cantidad aumenta al 20% para las que rondan los 40 años. El porcentaje disminuye al 9.5% para las que tienen 70 años o más (¡lo cual da lugar a otra pregunta sobre la que ni siquiera queremos pensar!).[3]

Además de los abortos y la promiscuidad, las relaciones rotas con nuestros seres queridos pueden causar dolorosos recuerdos que tratamos de esconder. He hablado con muchas mujeres acongojadas porque no tienen relación con sus padres, hermanos o hijos. En casi todos los casos, todas tuvieron que ver con la ruptura, pero estas mujeres reconocen su parte; no pueden echarle toda la culpa a la otra parte. Y por lo general sufren solas y en silencio. Recuerdan vívidamente discusiones crueles por cuestiones graves o por nimiedades. En vez de tratar de llegar a un entendimiento y a la reconciliación, se obstinaron, exigieron que se les diera la razón y alejaron a la otra parte o se marcharon. Ahora se sienten pésimas por lo que hicieron, por el dolor que causaron a otros y la profunda tristeza que sienten por el amor perdido.

Natalia me habló de la ruptura en la relación con sus padres. Ahora, con 45 años, volvía a narrar la historia del problema.

—Creo que era como toda adolescente típica: terca, egoísta, salvajemente independiente; pero, en realidad, era peor que la mayoría. Cuando estaba en la universidad, estaba siempre de fiesta, fumaba marihuana y la pasaba bien. Mis padres, especialmente mi papá, me confrontaban sobre mi estilo de vida. Yo no les hacía caso, y me amenazaron con cortarme los fondos para la universidad. Eso me enojó mucho y los desafié a que mostraran si lo que decían era verdad. Me negué a cambiar. Ni siquiera intenté ver las cosas desde su punto de vista. Finalmente, después de rogarme que cambiara reiteradas veces, mi papá se dio cuenta de que no iba a cambiar en lo más mínimo. Entonces me dijo que no iba a pagar nada más hasta que cambiara mi estilo de vida. Durante meses, él y mamá pensaron que yo recapacitaría; pero no lo hice. Encontré la manera de seguir en la universidad un semestre más; pero después de eso, abandoné los estudios —vaciló un momento y luego continuó—. Pero eso no es lo peor. Los aborrecí por ser tan intransigentes y egoístas. Las pocas veces que los visitaba, al momento comenzábamos a discutir fuertemente y a gritar; bueno, al menos la que gritaba era yo. Después de unas cuantas discusiones de aquellas, me marché y nunca regresé.

—¿Cómo ha sido tu relación con ellos durante todos estos años? —le pregunté.

—Muy tensa… distante… inexistente —se lamentó—. Mi esposo y yo tenemos hijos adolescentes ahora, y él me dijo que sería perfectamente justo si ellos se rebelaran contra nosotros de la manera que yo me rebelé contra mis padres. Desde luego que no quiero que eso suceda, pero las primeras señales ya comienzan a verse.

—Entonces ¿han hablado tú y tu esposo sobre el problema con tus padres? —le pregunté.

—En realidad no. Él se ofreció a hablar de eso, pero es demasiado doloroso para mí. Yo solo pienso que pasó hace tanto tiempo, que no puede seguir afectándome hoy. Creo que todo el remordimiento que siento es un indicio de que todavía no he afrontado ese hecho ¿puede ser? —me confesó.

Estas son algunas imágenes de unas pocas mujeres que se sienten atormentadas por su pasado. Podríamos enumerar y describir infinidad de otros problemas y situaciones. La cuestión es que nuestra negativa a hablar de esas cosas del pasado puede dañar nuestras relaciones más preciadas del presente.

## Heridas secretas

El novelista Walter J. Williams reveló: "No le tengo miedo a los hombres lobo, ni a los vampiros o los hoteles embrujados; le tengo miedo a lo que los seres humanos reales hacen a otros seres humanos reales". Muchas mujeres se *sienten* víctimas, precisamente porque lo *son*. Las personas en quienes confiaban las usaron, abusaron de ellas y las hirieron terriblemente. Ya sea que haya pasado una vez o un millón de veces, las heridas causadas por el abuso sexual, físico, verbal o emocional no se sanan rápida o fácilmente. Muchas mujeres han aprendido a vivir con profundas puñaladas en su alma, pero no viven bien. Andan cojeando en la vida con un constante dolor y resentimiento contra aquellos que causaron su dolor. Esos hechos traumáticos podrían haber ocurrido hace muchos años, pero las víctimas miran cada hecho de hoy con la perspectiva de esos hechos del pasado.

Las personas que viven con heridas no resueltas pueden fácilmente adoptar una postura defensiva y exigente. Se resienten con todo aquel que se interpone en su camino sobre cualquier asunto, y esperan que otros intervengan y solucionen su problema. Exigen que las personas que les hirieron paguen caro por la ofensa. Este deseo podría comenzar con un sentido de justicia, y pronto puede corromperse y transformarse en un deseo de venganza. También exigen que otras personas llenen el espacio vacío que han dejado los culpables. Desde luego que no les dicen a esas personas que tienen expectativas tan irreales hacia ellas. Cuando los demás no cumplen con sus expectativas, las víctimas las descartan y tratan de encontrar a otros que curen sus heridas.

Pero eso no es todo. Las mujeres que se consideran víctimas también pueden exigir indirectamente que nadie las vuelva a herir otra vez. Creen que han sufrido bastante, así que es mejor que nadie vuelva a defraudarles bajo ninguna circunstancia.

¿Puedes imaginar cómo afectan estas exigencias a nuestras relaciones, especialmente con los hombres? Si hemos sido heridas en el pasado, pero no hemos tratado el dolor, esperaremos que nuestro marido conozca, entienda y solucione todos los problemas, rectifique cada ofensa y nunca nos falle; aunque él no tenga ni idea de lo que sucede en nuestro interior. Pero esta es una fórmula para producir más ruptura.

## ¿Decir todo?

> Lo que eres de soltero, serás de casado, solo que en mayor grado. Cualquier característica negativa empeorará en la relación matrimonial, porque te sientes libre de bajar la guardia; tu cónyuge se ha comprometido contigo, y ya no te preocupa la posibilidad de espantarlo.
>
> Josh McDowell

Las parejas a menudo preguntan: "¿Es realmente necesario revolver el pasado y sacar todos nuestros trapos sucios y hablar sobre cada detalle de nuestro pasado?". Estas son algunas pautas que resultaron ser de ayuda: Primero, recuerda que la sinceridad siempre debe ser primordial en tu matrimonio. Aunque las Escrituras no hablan directamente de los secretos que se guardan, especialmente en el matrimonio, hablan explícita y constantemente de los secretos, la sinceridad y la falta de sinceridad en cada relación (Salmos 19:12; 90:8; Proverbios 27:5; Romanos 2:16; Efesios 4:25). La sinceridad es absolutamente esencial para que nuestra vida personal y nuestro matrimonio maduren. Y cuando un esposo y una esposa se comprometen a confiar firmemente el uno en el otro, deben responder a los problemas personales de la pareja (pasados y presentes) con gracia, bondad y amor. Un matrimonio saludable no da lugar al temor, el caos y la sospecha.

Segundo, ten presente que no sabemos o no recordamos todo con precisión, incluidos los hechos pasados y presentes que mantenemos ocultos. Por lo tanto, es probable que no puedas recordar cada detalle de tu secreto. Pero está bien; no tienes que saber todo para que crezcan el amor y la confianza en tu matrimonio.

Tercero, debes hacerte una pregunta importante. ¿Es la información que estás ocultando nociva para el vínculo matrimonial? Si el secreto tiene el potencial de causar daño, o si de alguna manera está impidiendo que tu intimidad profundice y tu amor crezca, debe salir a la luz.

Finalmente, no te turbes por tu pasado. Si el secreto pertenece al pasado; si ha sido perdonado y resuelto y no es relevante o beneficioso en el presente, revelarlo no es necesariamente importante. Deja las cosas como están. ¡No hurgues en la herida! El deseo egoísta de obtener información sobre el pasado perdonado de un cónyuge puede causar más dolor que sanidad.

## Cómo revelar los secretos

Si tienes un inquietante secreto que revelar, ¿qué deberías hacer? Busca ayuda externa. Invita a una tercera persona que pueda guiarte y ayudarte a mantener fuerte tu vínculo matrimonial. Ora individualmente y como pareja para pedir la protección de Dios sobre tu relación.

Antes de decidir qué le diremos al hombre de nuestra vida, primero necesitamos colocar nuestros pecados y nuestras heridas bajo la luz de la gracia de Dios. Las Escrituras hablan poderosa y elocuentemente sobre el maravilloso perdón de Dios. No tenemos que seguir viviendo bajo el aguafiestas de la culpa y la vergüenza. Dios ofrece purificarnos, si tan solo lo aceptamos. El rey David sabía esto.

No nos castiga por todos nuestros pecados;
no nos trata con la severidad que merecemos.
Pues su amor inagotable hacia los que le temen
es tan inmenso como la altura de los cielos sobre la tierra.
Llevó nuestros pecados tan lejos de nosotros
como está el oriente del occidente (Salmos 103:10-12).

Dios nunca excusa el pecado, y no necesariamente minimiza el daño que hemos causado. Reiteradas veces en los Evangelios, vemos que Jesús miraba a los pecadores a los ojos, les decía la verdad acerca de su condición y les ofrecía la gracia de su perdón. Me encanta el relato de la mujer sorprendida en adulterio. (Yo sé que no está incluido en los manuscritos más antiguos y precisos, pero es probable que la historia refleje algo que realmente sucedió). La ley mandaba a la comunidad apedrearla hasta la muerte, pero Jesús le expresó su compasión y gracia. Y nos extiende la misma gracia a nosotras. Piénsalo de esta manera: el pecado que cubrimos, Dios lo revela; el pecado que revelamos, Dios lo cubre.

La iglesia primitiva no era muy diferente a nosotras. Las cartas de Pablo a los cristianos en Corinto muestran que tenían problemas de pecados sexuales y egoísmo. En su segunda carta a los corintios, Pablo se refiere a una carta anterior en la cual les anima denodadamente a afrontar sus pecados y volverse a Dios. Ellos respondieron a su exhortación, así que él les contestó con la confirmación de su fe:

No lamento haberles enviado esa carta tan severa, aunque al principio sí me lamenté porque sé que les causó dolor durante un tiempo. Ahora me alegro de haberla enviado, no porque los haya herido, sino porque el dolor hizo que se arrepintieran y cambiaran su conducta. Fue la clase de tristeza que Dios quiere que su pueblo tenga, de modo que no les hicimos daño de ninguna manera. Pues la clase de tristeza que Dios desea que suframos nos aleja del pecado y trae como resultado salvación. No hay que lamentarse por esa clase de tristeza; pero la tristeza del mundo, al cual le falta arrepentimiento, resulta en muerte espiritual (2 Corintios 7:8-10).

¿Notas la diferencia entre la tristeza divina y la tristeza terrenal? La tristeza divina es la convicción del Espíritu Santo, que hace brillar su luz sobre nuestros pecados y nos ofrece el perdón de Dios. Pablo no les dijo a los corintios que su pecado no importaba, ni trataba de justificarlo hábilmente. Él lo llamó pecado. Cuando el Espíritu de Dios señala el pecado que hemos cometido, nos sentimos compungidas; pero estamos profundamente agradecidas por el amor de Dios que nos limpia. En marcado contraste, la tristeza terrenal es solamente sentirnos pésimas por lo que hemos hecho y por quienes somos. No nos sentimos dignas de ser perdonadas, de modo que nos sumimos en la autocompasión. Puede que esperemos que después de sentirnos bastante mal y por bastante tiempo esos horribles sentimientos se vayan, pero no es así. Penitencia no es lo mismo que perdón genuino. La tristeza terrenal es un sentimiento de vergüenza que en realidad bloquea nuestra experiencia del perdón de Dios.

Para algunas mujeres, la autocompasión no es un problema temporal; es un estilo de vida. Las heridas no curadas pueden infectarse en nuestro corazón. Con el tiempo, un foco de resentimiento echa raíces, y consideramos que somos "las únicas damnificadas". Pronto, este resentimiento conduce a la autocompasión, e insistimos en que nos merecemos algo mejor de lo que hemos recibido y de lo que estamos recibiendo: de parte de Dios, de nuestra familia, de nuestros jefes, de nuestros hijos y de nuestros amigos. La autocompasión podría ser una respuesta natural a heridas que no han sido curadas, pero es letal. Anula nuestra fe y nos hace pasivas. A menos que abordemos este problema espiritual generalizado, infectará cada relación de nuestra vida.

Cuando nos sumimos en la autocompasión, queremos atención y esperamos que los demás solucionen nuestros problemas. Nos quejamos y rezongamos, y esperamos que los demás se fijen en nosotros y acudan a rescatarnos. Cuando nadie lo hace, ¡tenemos algo más de lo que quejarnos! El pastor John Piper, autor de *Desiring God* [Sed de Dios] explica la relación entre el orgullo y la autocompasión:

> La naturaleza y profundidad del orgullo humano se esclarecen al comparar la presunción con la autocompasión. Ambas cosas son manifestaciones del orgullo. La presunción es la respuesta del orgullo al éxito. La autocompasión es la respuesta del orgullo al sufrimiento. Quien se gloría dice: "Merezco admiración por lo mucho que he logrado". Quien se compadece dice: "Merezco admiración por lo mucho que he sacrificado". La presunción es la voz del orgullo en el corazón de los fuertes. La autocompasión es la voz del orgullo en el corazón de los débiles. La presunción asemeja autosuficiencia; la autocompasión, sacrificio. La razón por la que la autocompasión no se parece al orgullo es que aparenta necesidad. Pero la necesidad surge del ego herido, y lo que se desea en realidad no es ser considerado indefenso, sino héroe. La necesidad que siente quien se compadece de sí mismo no es producto de sentir que tiene poca valía, sino de sentir que no es reconocido. Así reacciona el orgullo cuando no recibe aplausos.[4]

He visto que la autocompasión bloquea el fluir del Espíritu de Dios en la vida de innumerables mujeres. Sin lugar a dudas, muchas (si no todas) de estas mujeres son víctimas de los pecados que otros han cometido contra ellas; pero nadie es perfecto, y muchas de estas mujeres se vuelven tan defensivas que no pueden o no quieren admitir su propio pecado. Resisten la presencia del Espíritu que las puede convencer de pecado, e insisten en que lo que ellas han hecho no puede compararse con lo que les han hecho a ellas. ¿Tristeza divina? ¡En absoluto! Se sienten mucho mejor —y farisaicas— cuando culpan a otros en vez de asumir la responsabilidad de sus propios pecados y errores. Cuando damos excusas por nuestra conducta, dejamos de ver el maravilloso amor de Cristo que nos limpia. Algunas de nosotras necesitamos un tremendo valor para enfrentarnos a la dura verdad y admitir que, aunque seamos víctimas, también necesitamos arrepentirnos.

Una amiga mía, Judit, me habló de sus luchas con la autocompasión. Creció en un hogar de alcohólicos. Su madre regresaba a su casa borracha casi todas las noches, y bien perdía el conocimiento o bien atacaba verbalmente a todos en la casa. Según sabía, su padre nunca confrontaba a su esposa o protegía a sus hijos del maltrato de ella. Cada vez que Judit y su papá hablaban de su madre, lo cual era muy raras veces, su papá movía su cabeza en negación y musitaba: "Bienaventurados los pacificadores. Cariño, ese es mi rol, ser un pacificador. No quiero que tu madre se enoje más de lo que ya está". Por lo tanto, el maltrato, la confusión y el dolor continuaron durante toda la niñez de Judit.

Los psicólogos describen una condición en la vida de las víctimas llamada "indefensión aprendida". Significa que la persistencia de un entorno enfermizo hace que las personas pierdan la esperanza de que las cosas alguna vez puedan cambiar, aunque se presenten oportunidades para el cambio. La indefensión aprendida encierra a la persona en el rol de víctima. Judit me dijo que ella se casó con un hombre que era igual a su madre: un alcohólico abusivo. Ella se divorció de él, pero un año más tarde se casó con otro alcohólico.

El estrés diario y su sentimiento de indefensión finalmente hicieron que sufriera un colapso mental, emocional y físico. Llegó a estar clínicamente deprimida. En consejería, aprendió algunas verdades sobre los patrones de vida y pensamiento que la habían mantenido prisionera por tanto tiempo, y finalmente entendió que la indefensión aprendida la había atado a un estilo de vida destructivo. Con la ayuda de su consejera, un grupo de apoyo, una nueva revelación de la Palabra de Dios y el poder del Espíritu de Dios, ella comenzó a dar pasos para salir del pantano de la indefensión y la desesperación. Lentamente, comenzó a reedificar su vida basándose en la verdad y la gracia. Y poco a poco pudo ser sincera sobre su parte de responsabilidad en los problemas. Ella admitió haber escogido creer las mentiras, haber herido a otros en el proceso, haber mentido para ocultar su dolor y la conducta de su esposo, y haberle dado la espalda a Dios infinidad de veces. Su sinceridad la colocó bajo el torrente purificador de la gracia de Dios, y encontró gozo, amor y libertad por primera vez en su vida.

Las personas que se creen víctimas no son buenas con el perdón —aceptar el perdón o perdonar— porque culpan a los demás de cada problema de sus vidas. Y el perdón comienza con nosotras mismas. Necesitamos experimentar la gracia de Dios antes de poder extenderla a otros. Con sinceridad, suceden cosas sorprendentes. Sin ella, estamos estancadas en el pantano hediondo y fangoso de pensar, sentir y actuar como víctimas indefensas.

Independiente de lo que hayamos hecho y cómo nos hayamos equivocado, el mensaje más poderoso de la Biblia es que ninguna de nosotras puede dejar de alcanzar el toque perdonador de Dios. Reiteradas veces, los escritores nos convencen de que el amor de Dios es ilimitado y libre. Solo necesitamos acercarnos y aceptarlo.

## El proceso del perdón

Para experimentar la sanidad de Dios en las heridas que nos han causado, también necesitamos llegar a entender el perdón de Dios. Pero en este caso, lo llegamos a entender para poder perdonar a quienes nos han herido. El sufrimiento y el perdón son elementos esenciales de la sanidad. Sufrimos porque hemos perdido algo preciado para nosotras: nuestra inocencia, nuestros sueños de ser amada, u otra cosa que atesorábamos. El proceso de sanar nuestro dolor no es rápido ni ordenado. El sufrimiento es duro, pero es esencial para superar nuestro dolor. Cuando sufrimos, por lo general somos capaces de ser cada vez más sinceras con las personas que nos han herido. Antes, podríamos haber excusado o minimizado el dolor, pero ya no. Cuando afrontamos la dureza del dolor, decidimos perdonar. Tarde o temprano, nuestros sentimientos acompañarán nuestras decisiones; pero por ahora, decidimos firmemente perdonar, así como Dios nos ha perdonado en Cristo.

> El que es incapaz de perdonar es incapaz de amar.
>
> MARTIN LUTHER KING, JR.

### ¡Habla con tu esposo!

Si le escondes un secreto a tu esposo o novio por muchos años, tu reticencia a hablar con él probablemente revele un alto nivel de temor sobre cómo podría responder él. En muchos casos, esos temores son infundados. He hablado con muchas mujeres que finalmente le contaron sus más profundos secretos a su marido, y él les mostró comprensión y amor. Pero desde luego, esto no siempre es así. Recomiendo que primero busques una consejera, un pastor o una amiga muy sabia que pueda ayudarte a procesar el pecado o tu herida y determinar tu manera de actuar. No obstante, ten cuidado. Algunos líderes aconsejan contar todo, sin tener en cuenta el costo. Nos aseguran que la única forma de vivir es con absoluta sinceridad. Otros son más cautos y recomiendan que evitemos decir cosas que causen un daño irreparable a la relación. Por ejemplo, confesar indiscreciones sexuales del pasado podría o no ser sabio. La persona que te aconseja podría darte consejos sobre cómo iniciar la conversación, cómo explicarte, cuántos detalles dar, qué respuesta pedir y cómo edificar una relación más saludable con tu marido después de contarle tu secreto.

Puede que nuestros maridos no sean las criaturas más perceptivas que Dios haya creado, pero muchos de ellos pueden darse cuenta de cuándo hay alguna clase de barrera entre ellos y nosotras. Podrían pensar que es solo una "cuestión de mujeres" totalmente indescifrable para ellos, pero podrían sospechar que no estamos dispuestas a hablar de algo de nuestro pasado. Tal vez nos hayan invitado a hablar en el pasado, o tal vez no. Sin embargo, podrían llegar a conocernos más de lo que pensamos.

Si determinas que quieres hablar con tu marido sobre tu secreto, prepárate para la conversación. Escribe tus objetivos para la charla y bosqueja exactamente lo que quieres decir. Algunas mujeres escriben su testimonio y lo leen. No es una mala idea. Esto les permite no perderse, y les da la seguridad de que no se van a quedar en blanco en medio de la conversación.

Cuando visualices la conversación, no limites a tu marido a una sola manera de responder. Si hace años que estás nerviosa por esto, seguramente ha llegado a ser un asunto serio en la relación. Es razonable suponer que él pueda necesitar un tiempo para asimilarlo, así que no le exijas que te entienda a la perfección instantáneamente. De hecho, sería sabio decir algo como esto: "Sé que esto es nuevo para ti, y no espero que entiendas de inmediato todos los detalles y las implicaciones. Es probable que necesitemos tener varias conversaciones sobre esto".

No esperes estar completamente bien y en paz cuando termines de hablar con él. Los temores que has sentido por años probablemente se intensifiquen en el momento que digas: "Cariño, quiero decirte algo". No esperes hasta que el sentimiento de temor se disipe; eso no va a suceder. Prepárate y anticípate a lo que sentirás para que no te tome por sorpresa. Si estás convencida de que estás haciendo lo correcto, supera tus temores y comienza esta importante conversación.

Él sentirá que estás nerviosa, así que comienza por decir: "Hay algunas cosas que nunca te he dicho. Quería hacerlo, pero tenía miedo. Cuando te las diga, pienso que entenderás por qué he estado indecisa. Aunque el problema no eres tú. Soy yo. Tú eres confiable y bueno. Yo he tenido temor y vergüenza. Desde ya, te agradezco por escucharme".

¿Te espanta la idea de decirle la verdad a tu marido sobre tu secreto? Sí, yo creo que sí. Por eso has guardado el secreto durante tanto tiempo. No corras hasta la sala en este momento a contarle todo lo que has estado evitando decirle desde que le conociste. Primero tómate un tiempo para pensar, orar y hablar con una consejera o amiga sabia. Luego planifica la manera de hablar con él; si conviene que se lo digas. Pero, como sea, háblalo con alguien. No dejes que tu pasado siga envenenando tu vida.

## *En la Palabra: Aplicación práctica*

Este puede que haya sido un capítulo difícil de leer. Hemos abordado el poder y el dolor de los secretos escondidos: los fantasmas que hay en nuestro armario. Y ahora podrías estar preguntándote: *¿Cómo hago para afrontar mi pasado y sobrevivir?* O: *¿Por dónde empiezo?*

¡Hay esperanza! Puedes vivir en libertad hoy. Primero, debes entender qué dice la Palabra de Dios sobre el pecado: el pecado personal y el pecado que cometieron contra ti.

## El pecado secreto

Pues la palabra de Dios es viva y poderosa. Es más cortante que cualquier espada de dos filos; penetra entre el alma y el espíritu, entre la articulación y la médula del hueso. Deja al descubierto nuestros pensamientos y deseos más íntimos. No hay nada en toda la creación que esté oculto a Dios. Todo está desnudo y expuesto ante sus ojos; y es a él a quien rendimos cuentas (Hebreos 4:12-13).

Entender que no podemos escondernos de Dios puede asustarnos. Él ve nuestro pecado; estamos desnudas y expuestas. Él ve nuestro pasado y sabe qué hay debajo de las máscaras que tan cuidadosamente usamos para esconder nuestro dolor cada día. Una oración de Moisés registrada en los Salmos dice: "Despliegas nuestros pecados delante de ti —nuestros pecados secretos— y los ves todos" (Salmos 90:8). Compara la oración de Moisés con estas palabras del Nuevo Testamento: "Este es el mensaje que oímos de Jesús y que ahora les declaramos a ustedes: Dios es luz y en él no hay nada de oscuridad. Por lo tanto, mentimos si afirmamos que tenemos comunión con Dios pero seguimos viviendo en oscuridad espiritual; no estamos practicando la verdad" (1 Juan 1:5-6).

¿Has experimentado alguna vez una oscuridad total, completa y absoluta? ¿La oscuridad que existe cuando apagas la luz de tu casco en el vientre de una caverna y ni siquiera puedes ver tu mano delante de ti? Cuando alguien enciende una vela o vuelve a encender la luz del casco, todos se asombran de su poder. Lo que una vez no se podía ver ahora se ve: al descubierto y claramente. Dios es luz en su forma más poderosa. Es puro, santo y justo.

Hablamos de tres áreas principales que mujeres de todo el país describen como asuntos que siguen atormentándolas diariamente: el aborto, la promiscuidad sexual y el alejamiento de los seres queridos. Veamos qué dicen las Escrituras sobre la manera de tratar cada una de ellas.

### El aborto

Los efectos secundarios emocionales de un aborto pueden ser devastadores. Depresión, profunda tristeza, ansiedad, culpa y vergüenza son síntomas comunes del postaborto. El Salmo 139:16 dice: "Me viste antes de que naciera. Cada día de mi vida estaba registrado en tu libro. Cada momento fue diseñado antes de que un solo día pasara".

La Biblia explica claramente que la vida comienza en la concepción y continúa en el vientre de la madre y después que el precioso bebé nace en este mundo. Detener intencionalmente este proceso está contra el plan de Dios y es pecado. ¡Sin embargo, estoy contenta de servir a un Dios que es fiel y justo!

Si vivimos en la luz, así como Dios está en la luz, entonces tenemos comunión unos con otros, y la sangre de Jesús, su Hijo, nos limpia de todo pecado. Si afirmamos que no tenemos pecado, lo único que hacemos es engañarnos a nosotros mismos y no vivimos en la verdad; pero si confesamos nuestros pecados a Dios, él es fiel y justo para perdonarnos nuestros pecados y limpiarnos de toda maldad (1 Juan 1:7-9).

Si quieres experimentar libertad del aborto en tu pasado, debes arrepentirte y pedirle perdón a Dios.

## La promiscuidad sexual

La historia de David nos brinda una gráfica ilustración de promiscuidad sexual y conducta adúltera. David, descrito como un hombre conforme al corazón de Dios (Hechos 13:22), miró con deseos a una bella mujer llamada Betsabé y la codició. Aunque ella estaba casada, David tuvo relaciones sexuales con ella y luego trató de encubrir su pecado. La historia continúa diciendo que David llegó a enviar a su esposo al frente de la línea de batalla, sabiendo que lo matarían, a fin de tomar como su propia esposa a Betsabé (2 Samuel 11).

Un pasado adúltero y promiscuo puede ser la fuente de una culpa tremenda y un dolor profundo. Cuando el pecado sexual se mantiene oculto y no se confiesa a Dios, no puede haber un matrimonio saludable. Posteriormente en las Escrituras vemos que David se dio cuenta de su necesidad de confesar su promiscuidad sexual y adulterio: "Finalmente te confesé todos mis pecados y ya no intenté ocultar mi culpa. Me dije: 'Le confesaré mis rebeliones al Señor', ¡y tú me perdonaste! Toda mi culpa desapareció" (Salmos 32:5). David está alabando a Dios por su gracia y su perdón. Esa misma gracia y ese mismo perdón están disponibles para ti.

### Relaciones resquebrajadas

Hemos sido creadas para las relaciones. Cuando esas relaciones se resquebrajan, sin importar la razón, somos heridas. Las mujeres somos especialmente vulnerables, porque Dios nos ha creado con mayor tendencia a las relaciones que los hombres. Ya sea que las relaciones resquebrajadas sean el resultado del pecado o de malentendidos, siempre es posible la reconciliación si ambas partes aceptan intentarlo. Si una de las partes no está preparada para la reconciliación, la otra parte puede al menos mostrarse dispuesta y limpiar su conciencia.

Primera de Pedro 3:9 dice: "No paguen mal por mal. No respondan con insultos cuando la gente los insulte. Por el contrario, contesten con una bendición. A esto los ha llamado Dios, y él los bendecirá por hacerlo". Jesús enseñó a sus discípulos a restaurar las relaciones:

> Si un creyente peca contra ti, háblale en privado y hazle ver su falta. Si te escucha y confiesa el pecado, has recuperado a esa persona; pero si no te hace caso, toma a uno o dos más contigo y vuelve a hablarle, para que los dos o tres testigos puedan confirmar todo lo que digas. Si aun así la persona se niega a escuchar, lleva el caso ante la iglesia. Luego, si la persona no acepta la decisión de la iglesia, trata a esa persona como a un pagano o como a un corrupto cobrador de impuestos (Mateo 18:15-17).

Como vimos anteriormente en este capítulo, la negación a hablar de las relaciones pasadas puede deteriorar gravemente nuestras relaciones presentes más preciadas.

## Perdonar a otros

El perdón tiene que ver con soltar el resentimiento que te ha tenido en un caos emocional desde que se produjo la ofensa. También implica renunciar al derecho a vengarse. Y nunca es fácil. Pablo instruye a los creyentes en la iglesia de Éfeso a seguir el ejemplo de Dios: "Líbrense de toda amargura, furia, enojo, palabras ásperas, calumnias y toda clase de mala conducta. Por el contrario, sean amables unos con otros, sean de buen corazón, y perdónense unos a otros, tal como Dios los ha perdonado a ustedes por medio de Cristo" (Efesios 4:31-32). Soltar la herida y el dolor puede traer inmensa libertad.

Ten en cuenta que perdonar no significa entregarle a la persona que te ha ofendido una tarjeta que diga "eres libre de la cárcel". Cuando tú perdonas, le estás entregando la vida de tu ofensor a Dios para que Él trate con esa persona como crea conveniente.

## Perdonarnos a nosotras mismas

Perdonarnos a nosotras mismas puede ser más difícil que perdonar a quienes nos hirieron. Cuando pecamos y estamos frente a una intensa culpa, vergüenza, remordimiento y dolor por ese pecado, no podemos imaginar que Dios decida perdonarnos. ¡Pero nos perdona! El perdón es una *decisión*. Para perdonarte a ti misma, debes *decidir* soltar y perdonar. Dios ya ha tomado la decisión de perdonarte, como hemos visto en Efesios 4. Podría pasar a explicar los pasos para poder perdonar y sugerirte varios libros excelentes para leer sobre el tema del perdón, pero lo primordial es esto: ¡El perdón es una decisión que debes tomar por ti misma! Nadie puede tomar esta decisión por ti.

## *Preguntas para la reflexión*

1. ¿Tienes temor a quedar expuesta si alguien supiera la verdad de ti? ¿Has estado guardando secretos que parecen demasiado graves para revelar? Dedica un momento ahora a reflexionar en tus pecados del pasado. Pasa tiempo en oración, y pide a Dios que traiga a tu mente algún pecado no confesado, para que puedas confesarlo y quedar limpia.

2. ¿Te resulta difícil tomar la decisión de perdonar a otros? ¿Te resulta aún más difícil perdonarte a ti misma?

3. ¿Cómo han afectado tus decisiones del pasado a tu matrimonio o relación de noviazgo actual? ¿Siguen afectando esas decisiones a tu matrimonio o relación de noviazgo actual? ¿Puedes tomar hoy alguna otra decisión

que afecte de manera positiva? Dedica un tiempo para
hacer una lista de decisiones. Asegúrate de escribir la
hora y la fecha en tu lista para una futura referencia.
Luego entrega esa lista a Dios y cúmplela.

*Habla con tu esposo de...*

# 6 Cómo te sientes contigo misma

*Ríete mucho, y cuando envejezcas, todas tus arrugas estarán en los lugares correctos.*

PUEDE QUE TENGAS UNA BELLEZA NATURAL. Yo no. Nunca salgo de casa ni recibo invitados sin ponerme maquillaje. Todos los lunes, miércoles y viernes en la mañana voy a buscar a mi hija, Megan, a su residencia estudiantil para ir juntas a nuestra clase de gimnasia. Es nuestro momento madre-hija. Pero incluso para esos momentos, me maquillo. Hasta me levanto un poco más temprano la mayoría de las mañanas que llevo a Zach a la escuela, para asegurarme de estar lista antes de comenzar el día. Pensarás que es una locura o lo que quieras, pero sé esto: cuando estoy maquillada, me siento mucho mejor conmigo misma. Algunas personas dicen: "Después de todo, no tiene nada de malo maquillarse". Y más importante aún, yo sé que mi apariencia es importante para Tim —como lo debe ser para todo hombre de esta tierra—, y quiero que él sepa que lo sé.

Pero esto puede convertirse en un problema para mujeres como yo, para quienes lucir bien es una obsesión, que controla nuestra vida y define quiénes somos. ¿Cómo sucede esto?

Algunas mujeres, ya entradas en años, podemos recordar los divertidos espejos de las ferias de atracciones. Y el resto de lectoras más jóvenes, bueno, tal vez los hayan visto en el programa de televisión de Ripley *Believe It or Not* [Créalo o no] o en una casa decorada para Halloween. Cuando nos ponemos frente a uno, parecemos hipopótamos: bajitas y gordas. Luego nos ponemos frente a otro, en el cual nos vemos como de tres metros y delgadísimas (¡a mí me gusta ese!). Uno nos hace vernos serpenteantes, y en otro tenemos un cuerpo enorme y una cabeza minúscula (¡detesto ese!). Sea cual fuere el espejo en que nos miramos, nos cautiva lo que vemos.

## Los espejos en que nos miramos

Todos los días nos miramos en espejos: los espejos de las expresiones de nuestro esposo cuando nos mira. De la mirada de sus ojos y la expresión de su rostro, obtenemos vislumbres de nosotras mismas. A veces nos vemos espléndidas. Otras veces, no tan espléndidas.

Los psicólogos (y todos los que observan detenidamente a las personas) reconocen que lo que más desean las personas es ser aceptadas; de modo que no nos sorprende que nuestro mayor temor sea ser rechazadas. La actriz ganadora del Óscar, Celeste Holm, declaró: "Vivimos de la aprobación y nos morimos sin ella: lentamente, tristemente y amargamente". La aprobación es el lenguaje de la aceptación. Todas nosotras la necesitamos y, de hecho, realmente no podemos vivir sin ella. Anhelamos ver esa mirada en los ojos de nuestro esposo que nos dice que somos lindas, sexualmente atractivas, agradables, interesantes, bellas y encantadoras. No tenemos que ver siempre todas estas cosas a la vez en la expresión de su rostro. ¡Puede repartir este reflejo como él quiera!

> Un corazón no puede rechazar o ser rechazado por otro corazón. Un corazón solo puede permitir y permitirse espacio para crecer.
>
> LAURA TERESA MARQUEZ

Pero nuestro hombre no es el único espejo en que nos miramos. En realidad, toda la vida nos hemos estado mirando en los espejos de nuestros padres, hermanos, amigas, mentores y jefes. Cualquiera, cuya opinión valoramos, ha sido un espejo importante en nuestra vida. Cuando mirábamos a estas personas, veíamos cómo nos respondían en la expresión de sus rostros, sus gestos y sus palabras. Podríamos pensar que las palabras son la herramienta de comunicación más importante, pero estudios muestran que comprenden solo el 7% de la impresión del comunicador. Los gestos y las expresiones dan cuenta de todo el resto. Por eso nuestro corazón no siempre se conmueve cuando alguien dice "te amo" pero la mirada en sus ojos dice otra cosa.

Muchas mujeres comenzamos la relación con un hombre después de haber sido heridas por los espejos en los cuales nos hemos mirado durante años y de cuyo reflejo hemos aprendido a sospechar. El reflejo podría ser lindo y agradable, pero ya no confiamos en nuestra visión. Por esa razón, no siempre podemos culpar a nuestro marido si no creemos el reflejo que vemos.

Las personas que nos rodean son espejos importantes en nuestra vida, y la cultura refleja diligentemente su mensaje las 24 horas de cada día. Muchos estudios muestran que las mujeres son representadas de una manera sexual mucho más que los hombres (con ropa provocativa y posturas corporales o expresiones faciales que implican una provocación sexual), y se las despersonifica (son usadas como objeto decorativo, o se exhiben partes específicas de su cuerpo en vez de toda la persona). Además, se valora la belleza física sobre cualquier otro atributo. Estos modelos de feminidad se presentan para que las muchachas jóvenes los observen y los imiten.[1]

Cuando vemos las mujeres espléndidas en los anuncios publicitarios de las revistas, sobre la alfombra roja de los Premios de la Academia, en las películas y la televisión, estamos viendo los prototipos de lo que nuestra cultura considera aceptable,

> La belleza —en proyección y percepción— es actitud en un 99,9%.
> GREY LIVINGSTON

¡y una amplia mayoría de nosotras no puede compararse a ese prototipo! Un estudio revela que las mujeres ven un promedio de casi 500 anuncios publicitarios al día, lo cual produce expectativas y percepciones distorsionadas sobre su cuerpo. Los anunciantes a menudo venden sus productos con un énfasis en la sexualidad y el atractivo físico. El resultado es que muchas mujeres están preocupadas por su imagen corporal, y esto a menudo redunda en una conducta enfermiza, razón por la cual las mujeres se esfuerzan por tener el cuerpo ultra delgado que los medios de publicidad idealizan. Una reciente encuesta realizada por la revista *People* descubrió que "el 80% de las mujeres indicó que la imagen de las mujeres de los anuncios publicitarios las hace sentir inseguras en cuanto a su aspecto". Además, la encuesta indicó que un 34% de las mujeres está dispuesta a probar dietas que presentan riesgos para su salud, un 34% está dispuesta a someterse a una operación quirúrgica, y un 93% dijo haber hecho varios y reiterados intentos para perder peso a fin de poder estar a la altura de las imágenes que se publicitan. ¿Por qué los medios de publicidad pasan tanto tiempo y dedican tanto esfuerzo a hacernos sentir mal con nosotras mismas? Todo tiene que ver con el dinero. Las mujeres que creen esas imágenes gastan miles de millones en cosméticos, dietas nuevas y ropa.

> Disfrutar de la vida es el mejor cosmético de una mujer.
>
> ROSALIND RUSSELL

El propósito de la publicidad es crear descontento. En su libro *The Technological Society* [La sociedad tecnológica], el analista cultural francés, Jacques Ellul, hace la siguiente observación:

> Una de las principales estrategias de la propaganda es crear necesidades; pero esto es posible solo si esas necesidades concuerdan con el ideal de vida que el hombre acepta. El estilo de vida que la propaganda ofrece es aún más convincente en que concuerda con ciertas tendencias fáciles y simples del ser humano y hace referencia a un mundo en el cual no hay valores espirituales sobre los cuales formar y conformar la vida. Cuando el ser humano siente y responde a las necesidades que la propaganda crea, se está adhiriendo a ese ideal de vida. Las tendencias humanas sobre las cuales se basa este tipo de propaganda podrían ser totalmente ingenuas; pero aun así representan bastante el nivel de nuestra vida moderna. La publicidad nos ofrece el ideal que siempre hemos querido (y no caben dudas de que ese ideal no es un estilo de vida heroico).[2]

Los conceptos de Ellul son ingeniosos y esclarecedores. La vida "ideal" descrita en la publicidad moderna promete cumplir con nuestras expectativas de abundancia, comodidad, felicidad y —para las mujeres— belleza despampanante. Reflexivamente, comparamos nuestra figura, nuestra piel, nuestros ojos, nuestro cabello, la forma de nuestros pies, nuestras uñas y todas las demás características físicas con las mujeres más bellas del planeta. ¡Con razón la mayoría nos sentimos tan mal con nosotras mismas! ¿Por qué nos enfocamos tanto en ser bellas? Dale Carnegie declaró de manera clara y concisa: "Somos criaturas emotivas, escandalizadas por el prejuicio y motivadas por el orgullo y la vanidad".

> No vale la pena pensar en la belleza, lo que importa es la mente. ¿Qué sentido tiene un corte de cabello de cincuenta dólares en una cabeza de cincuenta centavos?
>
> GARRISON KEILLOR

## Un breve examen

Entonces, ¿piensas que los espejos en los cuales te miras —las expresiones de tu hombre y las fotografías de las mujeres bellas de los medios de publicidad— no afectan en absoluto a cómo te sientes contigo misma? Es posible, pero no muy probable. Estamos saturadas de estos mensajes, y anhelamos recibir aprobación. Nuestra necesidad de aprobación viene incorporada en nuestro ADN. La buscamos en cualquier lugar donde pensamos que podemos encontrarla, pero tenemos pavor a la posibilidad de descubrir la mirada de rechazo que diga: "Lo siento, cariño, pero no estás en buena forma".

Déjame hacerte un breve examen. A continuación hay algunas preguntas fáciles para responder:

- ¿Cuánto tiempo pasas frente a un espejo cada día?
- ¿Cuántas veces te miras al espejo cuando no te estás vistiendo?
- En una o dos palabras, ¿cómo te sientes cuando te miras al espejo?

- En promedio por día, ¿cuántas veces miras imágenes de mujeres espléndidas en las revistas, la televisión y las películas?
- En una o dos palabras, ¿cómo te sientes contigo misma al mirar esas imágenes?
- ¿Qué veías cuando te mirabas en el espejo de tus padres?
- ¿Qué ves la mayoría de las veces cuando te miras en el espejo de los ojos de tu hombre?

Bien, esto es suficiente por ahora. ¿Cómo te fue en el examen? Si eres como la mayoría de las mujeres, ni siquiera piensas en esos detalles, porque se han convertido en parte de tu vida diaria. Pero aquí hay otra pregunta: cuando estás enojada, ¿cómo te defines a ti misma? La respuesta a esta pregunta es un buen indicador de quién realmente crees que eres. Le hice esta pregunta a una amiga cercana, y ella pensó bastante antes de darme una respuesta. Finalmente, le brillaron los ojos y con voz temblorosa me dijo:

—Julie, me avergüenza decirte qué palabras uso para definirme. No soy capaz de decirlas en voz alta.

—¿Qué piensas que esas palabras dicen de ti? —le pregunté amablemente.

—Si escuchara que alguien le dice esas cosas a otra persona, llegaría a la conclusión de que *odia* a esa persona. Odio. Sí, exactamente eso —me respondió al instante con una nueva luz de entendimiento.

## Los roles que desempeñan las personas

En gran medida, la forma de los espejos en los cuales nos miramos cada día es tan acertada o tan distorsionada como la salud de nuestra familia de origen. Cuanto más disfuncional haya sido nuestra familia, más nos vimos obligadas a desempeñar roles. Estos roles están destinados a lograr tres objetivos:

1. protegernos para no experimentar más dolor,
2. encontrarle algún sentido a un mundo trastornado, y
3. tener el control de algo —¡cualquier cosa!— para poder sentirnos más seguras.

Algunas mujeres provienen de familias relativamente buenas donde se atesoraban la confianza, el amor y la sinceridad; pero otras se sentían terriblemente inseguras cuando eran niñas. Para tratar de encontrarle sentido a la vida, buscamos desempeñar roles. Aquí hay algunos comunes.

*La heroína.* Esta persona tiene la necesidad de sobresalir en algún ámbito como el profesional o el deportivo para demostrar que es valiosa y digna de admiración. Además, cuando se reciben elogios, se desvía la atención de la vergüenza de la familia hacia la persona que es admirable.

*La princesa.* Igual que la heroína, esta mujer sobresale, pero recibe elogios por su belleza y elegancia. Ser el centro de atención es agradable, pero nunca la satisface totalmente, porque siempre se está comparando con la belleza de otras mujeres. Y siempre está en riesgo de salir perdiendo.

*La mascota o payaso.* Cuando hay tensión en la familia, esta persona hace bromas, dice frases ingeniosas y cuenta historias para desviar la atención de los problemas, aliviar la tensión y disminuir el nivel de tirantez. Para disimular su propio dolor, se ríe cuando está herida, enojada o nerviosa.

*La auxiliar.* En las familias necesitadas, esta persona obtiene su identidad de solucionar los problemas de todos. Desempeña el papel de una salvadora, que interviene para rescatar a los demás de sus problemas en vez de dejar que sufran (y aprendan de ello) las consecuencias de sus malas decisiones. Suple cada necesidad que ve. Si ve una pequeña necesidad, dice que es catastrófica para sentirse bien a la hora de suplirla. Si no puede encontrar un problema a solucionar, provocará uno para poder solucionarlo.

*El chivo expiatorio.* En familias donde el enojo aumenta cada vez más y nadie se perdona, alguien tiene que tener la culpa. Muchas veces, una persona es elegida como una esponja para absorber la culpa de los pecados y errores de todos. Una mujer me dijo que la culparon de la drogadicción de su padre, el embarazo de su hermana y de que su hermano se fuera de la casa. Su madre le gritaba: "¡Si no fuera por tu culpa, nada de esto habría pasado!".

*El hijo perdido.* En estas familias emocionalmente abusivas, algunos hijos quieren alejarse de las tensiones lo máximo posible. Han abandonado la idea de encontrar una solución. Su objetivo es alejarse lo máximo que puedan y esconderse: en su cuarto, detrás de un libro o en un programa de televisión. Una amiga me dijo que, cuando era niña, sus padres violentos a veces comentaban: "Julio nos dio bastante motivos para preocuparnos, pero Jennifer nunca nos dio un problema". Así es, cuando eres invisible, no causas ningún problema.

*El volcán.* ¿Qué pasa con las personas que se enojan? Algunas se convierten en volcanes. Podrían echar humo durante semanas o incluso meses, ¡pero tarde o temprano explotan como el monte Santa Helena! Estas usan su rabia para intimidar a otros miembros de la familia, y después de solo algunos de estos arrebatos, todos tienen miedo de la próxima explosión. Las personas andan con pies de plomo cuando están cerca de estas personas, por temor a provocar una explosión de ira.

Cuando hablo de estos roles, las personas hacen varias preguntas. Por ejemplo, ¿dónde quedan los adictos y abusadores en estos roles? Muchas veces, desempeñaron uno de estos roles cuando eran niños, pero el dolor fue tan grande que sintieron que tenían que medicarlo con drogas, alcohol, comida, sexo o juego. Y las personas que experimentaron abusos a menudo también terminan por ser abusivas. El único ejemplo que vieron cuando eran niños fue el de herir a otros para controlarlos, y aunque sintieron un terrible dolor de esas experiencias, es el único rol que saben desempeñar.

También me preguntan si el rol de una persona puede cambiar. Sí, puede cambiar. Un suceso trágico puede estremecer a toda la familia y cambiar el rol que cada uno desempeña. Una amiga me dijo que cuando tenía diez años, el rol de cada miembro de la familia cambió después del infarto que sufrió su padre. Su madre había sido una auxiliar de la adicción de su padre, pero ahora se había convertido en un volcán. Su hermano había sido un héroe, pero se convirtió en un chivo expiatorio. Ella había sido una mascota, pero ahora asumió el rol de heroína.

¿Puedes ver cómo cada miembro de la familia es un espejo que distorsiona la imagen de todos? Día tras día y año tras año, los niños de estas familias miran el rostro de sus padres y hermanos, y el reflejo les dice que no están seguros, que tienen que desempeñar un rol para encontrar algún sentido y controlar a todos los trastornados para limitar el dolor. Estos espejos están terriblemente distorsionados.

## Mírate en un espejo diferente

El cambio, y especialmente el cambio de nuestras percepciones, no sucede sin una luz de entendimiento como el que tuvo mi amiga. Para ella, ese momento fue un punto decisivo. Durante años, había vivido en un mundo secreto lleno de dudas de sí misma y de culpas que se echaba; con una perspectiva destructiva instigada por un sinnúmero de espejos negativos de su pasado. Su esposo fue uno de sus espejos más precisos y positivos, pero a ella le costaba comprender su amor y aceptación porque sentía que no era digna. Sin embargo, aquel día las cosas comenzaron a cambiar. Un rayo de luz penetró en las tinieblas de su mundo secreto, y vio que tenía la posibilidad de decidir qué pensar de sí misma. Comenzó a definirse de acuerdo a la Palabra de Dios: *amada, perdonada, adoptada, escogida*... y no tuvo necesidad de leer más que Efesios 1 para encontrar todas estas y otras definiciones.

Por años había estudiado la Biblia, pero siempre se había interpuesto una barrera entre sus secretos y la poderosa verdad de Dios. Pero ya no era así. A medida que leía los Evangelios con un nuevo entendimiento, se dio cuenta de que Jesús se deleitaba en mostrar su amor a personas reales: prostitutas, recaudadores de impuestos, leprosos y otros marginados. ¡Ella era una de esas personas! Leía sobre individuos que levantaban barreras para dejar a Cristo fuera. Él les ofrecía su amor, pero ellos se negaban a aceptarlo. Ella no quería que ninguna barrera siguiera interrumpiendo el fluir del amor de Dios.

Por primera vez en su vida, comenzó a sentirse amada y bella delante de Dios. ¡Era emocionante y liberador! En pocas semanas, el semblante de su rostro se transformó más de lo que cualquier maquillaje podría lograr. Su sonrisa era genuina, ya no era forzada. Sus ojos brillaban y dejaron de estar opacos y sin vida. Todo acerca de ella comenzó a irradiar un nuevo gozo y seguridad. ¿Cómo sucedió? Fue sincera con Dios sobre su manera de percibirse, y su sinceridad fue una puerta abierta para que Él entrara e inundara su vida con su gracia. Sí, ella sigue luchando con sentimientos fugaces de no poder compararse con las demás, de no tener ningún valor y de ser inaceptable, pero ahora sabe cómo pelear contra esas cosas. Ya no la obsesionan ni oprimen. Hoy día, son solo parte de las batallas de la vida para andar en Cristo, disfrutar de su presencia y deleitarse en su amor.

### ¿Es importante la belleza externa?

Hace algunos meses conocí a una mujer que me pidió ayuda. Sus hijos eran incontrolables, y su matrimonio estaba fracasando. De hecho, su esposo estaba interesado en otra mujer, y ella la conocía.

—Julie —me dijo—, nunca me podré comparar a esa mujer. Creo que he perdido a mi esposo.

Mientras la escuchaba atentamente, se nos llenaron los ojos de lágrimas a ambas.

—¿Qué quieres decir con que nunca te podrás comparar a esa mujer? —le pregunté.

—Bueno, es que ella es hermosa. Y ¿sabes qué? Yo ya ni me maquillo. Dejé de cuidarme en las comidas, y ya no hago más ejercicio. Me imagino que ya no le gusto, así que ¿para qué me voy a molestar en cuidarme?

Yo quedé asombrada. Cuando conocí a esa mujer, hacía algunos años, era una de las mujeres más bellas y en forma de ese momento. Y allí estaba ella sentada, rechazada, con mucho más peso que hacía algunos años y agobiada. Permíteme usar esta oportunidad para decirte que nuestra belleza es cíclica. Conozco y aprecio a aquellas que dicen que la belleza interior es lo único que importa. Pero déjame decirte algo… todavía no he conocido a una mujer que sepa el valor que tiene, que esté segura de sí misma y sea bella por dentro, y no se cuide externamente.

> **Belleza**: El poder mediante el cual una mujer seduce al amante y horroriza al esposo.
>
> AMBROSE BIERCE

Cuando nos sentimos rechazadas o deprimidas, por lo general dejamos que nuestra apariencia externa sea un reflejo directo de lo que sucede en nuestro interior. Y una manera de impedir que eso suceda es sentirnos bien con nuestra apariencia externa. El cuidado personal es para la mujer lo que un salario es para el hombre.

Sin lugar a dudas, la belleza es superficial, pero sentirse segura de tu apariencia externa refleja e influencia lo que crees en tu interior.

## Qué necesita tu pareja

En las ferias de atracciones o en las casas decoradas para Halloween, los espejos son inconmovibles e inanimados. No les importa cómo los miran. Sin embargo, el hombre de nuestra vida no es solo un espejo para nosotras; a él le interesa mucho la clase de espejo que nosotras somos para él. Infinidad de mujeres han dicho: "Lo único que siempre quise es que alguien me ame". Pero los consejeros más profesionales indican que raras veces encuentran a un *hombre* que no sienta exactamente lo mismo. Es que los hombres no son tan obvios o expresivos sobre su necesidad de amor.

> Cuanto más crece en ti el amor, tanto más crecerá tu belleza. Pues el amor es la belleza del alma.
>
> SAN AGUSTÍN

Cuando un hombre contempla el rostro de su esposa o novia, anhela la misma aceptación incondicional que las mujeres anhelamos, y siente el mismo pavor a ser rechazado. La mayoría de los hombres simplemente no son muy expresivos de sus sentimientos o perceptivos de sus esperanzas y temores. Sucede que estas cosas no les parecen varoniles. En su mundo, las motosierras, los recibos de sueldo y los juegos de pelota miden lo que valen. Sin dudas, podríamos argumentar que el mundo de una mujer es tan competitivo como el de cualquier hombre; pero por ahora, al menos vamos a reconocer que él siente una tremenda presión para tener éxito. La dinámica es mucho más complicada que esto, pero podríamos decir que las mujeres nos comparamos en la belleza, pero los hombres se comparan en las promociones. Nosotras tenemos, lo reconozcamos o no, la misma necesidad de recibir aprobación y nos morimos sin ella. De hecho, algunas autoridades creen que los hombres se desesperan mucho más por amor, porque se sienten tristes y solos.

Para explicar cómo nos muestran su amor, la mayoría de los hombres dirían algo como esto: "Yo trabajo duro, traigo el sueldo a casa, trato de cuidar bien de los niños y de recoger algunas cosas del piso en la casa".

Cuando comprendemos que su amor por nosotras es tan fuerte como nuestro amor por ellos —pero que ellos lo muestran de manera diferente—, la mirada de nuestros ojos cambia de exigencia a gratitud. ¿Piensas que ellos lo notan? Te apuesto que sí. Cuando nuestro hombre se da cuenta de que apreciamos genuinamente cuánto hace por nosotras, él se relaja, la tensión entre nosotros disminuye y ambos somos un poco más capaces de dar y recibir más amor.

## *¡Habla con tu esposo!*

Antes de decir nada sobre todo esto a nuestro esposo, necesitamos identificar los espejos de nuestra vida. Necesitamos entender que las expresiones de nuestros padres, nuestros jefes y otros han conformado la manera en que nos percibimos, y necesitamos entender cuán fuerte ha sido el efecto de nuestra cultura en el perfil de nuestra vida interior. La mayoría de nosotras debería dar algunos pasos hacia la sanidad y el cambio antes de hablar de muchas cosas con nuestra pareja. Luego podemos decir algo como esto: "Déjame decirte algunas cosas que he estado descubriendo". Podemos comentarle lo que hemos percibido de los espejos de nuestro pasado y de la influencia de la publicidad. Podemos explicarle que algunos espejos han sido buenos y positivos, pero otros han sido dañinos. Y podemos hablar de los pasos que hemos dado hacia un progreso.

Al pensar en la manera en que te defines a ti misma, recuerda que es probable que tu esposo también se haya definido horriblemente cuando está enojado. Tal vez lo hayas escuchado o no; pero nunca he conocido a un hombre que no tenga reservadas algunas definiciones de sí mismo para cuando está confundido. Si le hablas relajadamente de tu diálogo interno negativo, puedes ofrecerle una plataforma para que él diga: "¿Sí? Bueno, yo hago lo mismo". Y así se forma otro vínculo que fortalece la relación entre ustedes.

Si tus temores internos al rechazo te han impulsado a actuar de manera autodestructiva, comienza un proceso de sanidad al aceptar tu situación y admitirla delante de Dios y luego delante de alguien en quien confíes; quizá, el hombre de tu vida. Los temores son increíblemente poderosos y afectan drásticamente a nuestro sentimiento de aceptación y belleza. Nos llevan a hacer compras, beber, murmurar, morirnos de hambre y darnos una comilona para encontrar alivio. Lo he visto demasiadas veces en la vida de las mujeres que aconsejo.

Cuando conversamos con el hombre de nuestra vida, debemos evitar cualquier insinuación de que le estamos exigiendo una respuesta específica. Podríamos querer que nos acaricie y nos abrace para que nos comunique el mensaje correcto, pero si exigimos esas cosas, levantaremos más barreras. Podemos decir la verdad y abrir nuestro corazón al respecto, pero luego necesitamos dejar que él decida cómo responder. Muchos hombres responden rápidamente a la sinceridad, pero algunos no se sienten a gusto cuando hablamos con franqueza y sinceridad de nuestros sentimientos. Conoce a tu pareja, y habla con él en la medida y al ritmo que sean convenientes. Puede que a ti te haya llevado semanas o meses pensar en los espejos de tu vida. ¡Dale al menos diez minutos a él!

Sin duda, una de las cosas que puedes decirle es gracias. Sé un buen espejo y refléjale tu gratitud por todo lo que él hace por ti y la familia. Señálale cosas específicas que valoras, y anímale en esas cosas. He aprendido que los elogios y las palabras de aprobación son eficaces solo cuando son específicas. Si decimos: "¡Eres genial!", es probable que la otra persona se pregunte qué quisimos decir, piense que no la conocemos muy bien o dude de nuestra sinceridad. Somos más convincentes en nuestra comunicación cuando decimos: "Hiciste esto y aquello muy bien, y vimos cómo esa persona respondió cuando hiciste esto y aquello. Valoro tu consideración y disposición a ayudar".

El esposo de una buena amiga me dijo que su esposa es la mujer más agradecida del mundo. ¡Qué afirmación tan importante en la boca de un hombre! Conozco a esta pareja, y por supuesto que él tiene sus manías y defectos, pero en algún punto de su relación, ella decidió hacer todo lo posible para ser un espejo más positivo para él. Sí, ella es sincera con él sobre las equivocaciones de él cuando siente que necesita serlo, pero el patrón de su comunicación es en su mayoría positivo. Él sabe con certeza que ella lo ama de verdad, y él le refleja ese mismo amor incondicional. Es hermoso verlo. No sé dónde estaría la relación de ellos si ella se hubiera enfocado en los defectos de él y no en sus puntos fuertes, pero puedo asegurarte esto: sería una relación totalmente diferente.

Tengo una recomendación más para ti. Una de las decisiones más importantes que podemos tomar es filtrar los mensajes que vienen a nuestra mente y saturan nuestro corazón. Algunas mujeres necesitan hacer una cirugía radical para eliminar gran parte, si no todo, del tiempo que miran bellas mujeres en los anuncios. Jesús dijo que deberíamos estar en el mundo, pero no ser de este mundo. Para mí, eso significa pasar el tiempo suficiente para saber qué está sucediendo en nuestra cultura, pero guardar mi corazón para estar segura de no dejarme devorar por los valores culturales.

Mira menos revistas y pasa por alto los anuncios que hay en ellas, y lee solo los artículos. En vez de pensar todo el tiempo en cuánto te quieres parecer a esta o aquella modelo, tómate tiempo para planificar cómo mostrar cuánto aprecias a tu esposo o memorizar un pasaje alentador de las Escrituras. No podemos escapar totalmente a todos los espejos distorsionados, pero podemos evitar mirarlos fijamente, e ignorar por completo algunos de ellos.

La manera en que nos sentimos con nosotras mismas es producto de los mensajes que hemos visto en los espejos de nuestra vida. La buena noticia es que no tenemos que seguir creyéndolos. Con las sabias palabras de alguna amiga, la verdad de la Palabra de Dios, la fortaleza del Espíritu Santo y un poco de osadía, podemos dar pasos hacia el amor y la aceptación. En el proceso, podemos decirle al hombre de nuestra vida qué está sucediendo en nuestro corazón. Y quién sabe; tal vez Dios nos use para conmoverlo más profundamente que nunca.

## En la Palabra: Aplicación práctica

¡Con cuántos sentimientos batallamos las mujeres! Entre los más importantes está nuestro anhelo de ser hermosas, especialmente para nuestro esposo. Así como la reina del cuento de los hermanos Grimm le preguntó al espejo, nosotras le preguntamos a nuestro esposo de miles de maneras: "Espejito, espejito, ¿quién es la más bella de todo el reino?".

Con todo nuestro corazón, esperamos más allá de toda esperanza que nuestro esposo nos responda de modo muy diferente al espejo mágico de la historia. Tal vez, algo como esto: "Algunas mujeres son bellas; es verdad. Pero tú, amada mía, eres mil veces más bella que cualquiera". ¿Por qué anhelamos tanto ser bellas? ¿Por qué nos duele tanto cuando no nos sentimos bellas? Porque Dios, la esencia de la belleza, nos creó a su imagen. Mi diccionario define la *belleza* como "majestuosidad", y en los Salmos, David prorrumpe: "Oh SEÑOR, Señor nuestro, ¡tu majestuoso nombre llena la tierra! Tu gloria es más alta que los cielos" (Salmos 8:1). Sumerjámonos en la Palabra de Dios y tratemos de corregir cómo nos sentimos con nosotras mismas.

## ¿Por qué la belleza?

La belleza viene de Dios. Por más rizos, cirugías plásticas y tratamientos estéticos que nos hagamos, la verdadera belleza es mucho más que eso. Tiene que ver con algo más profundo dentro de nuestra alma. Nuestro anhelo femenino de ser bellas, a fin de cuentas, está vinculado a nuestro anhelo por Dios. La belleza de Dios era tan atractiva para el rey David, que afirmó que era lo único que valía la pena buscar. "Lo único que le pido al SEÑOR —lo que más anhelo— es vivir en la casa del SEÑOR todos los días de mi vida, deleitándome en la perfección del SEÑOR y meditando dentro de su templo" (Salmos 27:4).

Cuando una de tus amigas aparece en una fiesta con un traje bonito o un vestido despampanante, ¿qué es lo primero que dices? Generalmente, yo le pregunto: "¿Dónde lo compraste?". La belleza es una expresión del diseñador que nos lleva nuevamente a él o ella. Salomón vio que sucede lo mismo con Dios: "Dios lo hizo todo hermoso para el momento apropiado" (Eclesiastés 3:11). Si Dios es el autor de la belleza, entonces es lógico que su creación sea bella. ¡En serio! Mira a tu alrededor, a las montañas, las flores, la puesta del sol… a ti. *Todo*. Eso te incluye a ti. ¿Lo puedes entender? No del todo. "Pues tu esposo, el rey, se deleita en tu belleza; hónralo, porque él es tu señor" (Salmos 45:11). Dios no hace cosas feas o personas feas. No puede. Va en contra de su misma naturaleza. ¡La Palabra de Dios dice que eres bella! ¿Eres de corta estatura? Eres bella. ¿Eres alta? Eres bella. ¿Tienes

un cuerpo de modelo? Eres bella. ¿Eres una mujer común y corriente?
Eres bella. Que esta verdad penetre hasta lo profundo de tu corazón.

## La clave de todo

Nuestro mundo define la belleza en términos de apariencia y figura, ¡pero Dios dice exactamente lo contrario! "El Señor no ve las
cosas de la manera en que tú las ves. La gente juzga por las apariencias,
pero el Señor mira el corazón" (1 Samuel 16:7). Según la Palabra de
Dios, tu amiga que está batallando contra un cáncer de mama es tan
bella como la celebridad más glamurosa de Hollywood, ¡y tal vez *más*
bella! Dios quiere que te alegres en tu belleza única, y que vayas mucho
más allá de lo superficial.

Todas tenemos días en que nuestro cabello luce horrible. Pero,
¿cuántas veces descuidamos los pensamientos y las intenciones de
nuestro corazón mientras tratamos de encontrar nuestra seguridad en
nuestra apariencia? Esto no sirve. Este es el mismo problema que Jesús vio en los líderes religiosos de su época: "Pues son como tumbas
blanqueadas: hermosas por fuera, pero llenas de huesos de muertos y
de toda clase de impurezas por dentro" (Mateo 23:27).

Dios está hablando de tu corazón: la parte más profunda de quién eres.
Demasiadas veces, confiamos solo en nuestros "artilugios" para ser bellas,
y nos olvidamos de la parte más importante, que nadie, sino Dios, ve. En
el Antiguo Testamento, Dios juzga a su pueblo por esta misma razón:

> Pero pensaste que eras dueña de tu fama y tu belleza. En-
> tonces te entregaste como prostituta a todo hombre que
> pasaba. Tu belleza estaba a la disposición del que la pidiera.
> Usaste los hermosos regalos que te di para construir luga-
> res de culto a ídolos, donde te prostituiste. ¡Qué increíble!
> ¿Cómo pudo ocurrir semejante cosa? Tomaste las joyas y
> los adornos de oro y plata que yo te había dado y te hiciste
> estatuas de hombres y les rendiste culto. ¡Eso es adulterio
> contra mí! (Ezequiel 16:15-17).

A veces, me "deprime" el trabajo de maquillarme, el vestido que
no me queda muy bien, el estado de mi cabello... y la lista sigue. El

diablo sabe que la belleza es poderosa. Y como el engañador experto que es, usará nuestras pequeñas imperfecciones para susurrar pequeñas mentiras a nuestra mente:

Eres fea.

No sirves para nada.

Nadie podrá amarte jamás.

No tienes nada que ofrecer.

No te mereces…

…¡y la lista continúa! ¿Notas en quién están enfocadas estas frases? En *ti*. Satanás tratará de que te enfoques en ti y en la imposibilidad de llegar a ser tan buena, tan bella, tan inteligente o tan talentosa como las mujeres que te rodean.

Pablo advierte a los corintios contra esto mismo: "pero ellos, midiéndose a sí mismos y comparándose consigo mismos, carecen de entendimiento" (2 Corintios 10:12, LBLA). Al evaluar cómo te sientes contigo misma, haz un alto y piensa con quién te has estado comparando. ¿Cómo te han hecho sentir esas comparaciones?

## Rompe los espejos

Todas hemos sido moldeadas por los "espejos" de nuestra vida… nuestros padres, nuestros maestros, nuestro novio, nuestro esposo. Y a veces esa influencia puede distorsionar la forma en que nos vemos. Pero todas sabemos que la belleza física no dura para siempre. "El encanto es engañoso, y la belleza no perdura, pero la mujer que teme al SEÑOR será sumamente alabada" (Proverbios 31:30).

Las arrugas son inevitables. Pero la perspectiva que Dios tiene de ti no está basada en algo tan superficial. Cada vez que Satanás trata de atacarte con mentiras de que eres fea o que no sirves para nada, trata de contrarrestar sus ataques con esto: Jesús no murió en vano. Él murió por ti. ¡Aun cuando estabas muerta en tus pecados, Él te vio muy preciosa; ¡tan preciosa que derramó su sangre por ti!

Cuando nos desmoralizamos y vivimos con una mentalidad negativa, ¡no estamos aceptando totalmente el sacrificio de Jesús! Sin duda, a veces nos miramos al espejo y lo único que queremos es volver a la cama. Pero tus *sentimientos* sobre cuán bella, talentosa o agradable eres podrían ser, o no, indicadores certeros de quién eres realmente. La realidad es que eres mucho más que eso.

A menudo el diablo trata de confundirnos con nuestros sentimientos. Las mujeres sentimos las cosas muy profundamente, y los comentarios sarcásticos de otras personas a menudo suenan como un campaneo insistente que no podemos olvidar, lo cual refuerza nuestros sentimientos negativos sobre nosotras mismas. Pero si Satanás puede hacer que estés siempre enfocada en lo que sientes (lo cual te da un entendimiento distorsionado de ti misma), pronto olvidarás lo que Dios dice de ti (que es la verdad).

A pesar de los espejos de condenación en los que te hayas mirado, a pesar de lo que otras personas te hayan dicho, esto es lo que Dios dice de ti:

> Pues el Señor tu Dios vive en medio de ti.
> Él es un poderoso salvador.
> Se deleitará en ti con alegría.
> Con su amor calmará todos tus temores.
> Se gozará por ti con cantos de alegría (Sofonías 3:17).

*Cantos de alegría.* ¡Dios está loco por ti! Y no por algo que hayas hecho o por tu corte de cabello nuevo… ¡Él está loco por ti porque te ha creado hermosa! Por mucho tiempo, hemos definido nuestro valor al mirarnos en espejos que están empañados por el pecado. Esos espejos reflejan las mentiras de Satanás que nos llevan a condenarnos y odiarnos a nosotras mismas. ¿Romperás esos espejos hoy?

La Palabra de Dios habla de la importancia de "la belleza interior, la que no se desvanece, la belleza de un espíritu tierno y sereno, que es tan precioso a los ojos de Dios" (1 Pedro 3:4). *Esta* es la verdadera belleza. Dios quiere que vivas en la verdad de lo que Él dice que eres. Y a fin de cuentas, ¡la opinión de Dios es lo más importante!

## Habla con tu pareja

Puede que pienses: *"Genial, Julie; ya entiendo. Pero ¿cómo hablo con mi esposo sobre esto?* Una vez que llegas a entender quién eres realmente de acuerdo a la verdad de Dios, el siguiente paso conveniente y saludable es hablar con tu esposo de lo que has estado sintiendo. Si has estado luchando con un diálogo interno negativo, es probable que él también. Ser sincera con él sobre la manera en que te ves y lo que Dios te está enseñando es una manera eficaz de crear intimidad.

Muchas veces las mujeres esperamos que nuestra pareja sepa exactamente cómo nos sentimos. Pero haz un alto y piensa en esto: ¿Cómo va a enterarse a menos que se lo digas? Sincerarse sobre lo que realmente te sucede puede resultarte incómodo. ¡No es un juego! Pero usar el antiguo recurso de "estoy bien" en realidad es mentir. La Palabra de Dios dice: "Así que dejen de decir mentiras. Digamos siempre la verdad a todos porque nosotros somos miembros de un mismo cuerpo" (Efesios 4:25). Si no eres sincera con él, ¿cómo puedes esperar que él sea sincero contigo?

Primero, comienza por ser sincera con Dios sobre lo que sientes. Dios no quiere diatribas religiosas u oraciones artificialmente espirituales. Él quiere que *tú* hables con Él. Si no puedes ser sincera con Dios, quien te ama incondicionalmente, ¿cómo puedes abrir tu corazón al hombre que amas?

De modo que habla con tu esposo. Permite que él te ayude a procesar tu diálogo interno negativo. Puede que él tenga que hacer las afirmaciones positivas que necesitas para poder vencer el diálogo interno negativo que no necesitas.

## Preguntas para la reflexión

1. En este capítulo, hablamos de los espejos en los cuales nos miramos: las personas que nos influencian. ¿En qué espejos te estás mirando? ¿Qué espejos te han herido más? ¿De qué manera te han herido las palabras de esas personas?

2. ¿Cómo te sientes *contigo misma*? ¿Qué diálogo interno negativo repites todo el tiempo? En una hoja en blanco,

haz dos columnas. En una, escribe cada comentario negativo que te haces a ti misma muy a menudo. En la
otra columna, junto a cada comentario negativo, escribe
el versículo que reemplaza la mentira negativa con la
verdad de la Palabra de Dios. Memoriza cada versículo.
Repite cada uno a lo largo de todo el día.

3. Conocer la verdad de Dios y afirmarla con todo tu ser
   es la única manera de ser libre. ¿Cómo puedes comenzar
   hoy a desarrollar una perspectiva positiva de ti misma?
   ¿Cómo puedes integrar a tu esposo en este proceso?

*Habla con tu esposo de...*

# 7 Cómo te hiere él

*El único momento en que una mujer realmente puede cambiar a un hombre es cuando él es bebé.*

SHERYL CROW HIZO UNA NUEVA VERSIÓN DE LA ANTIGUA CANCIÓN *The First Cut Is the Deepest* [La primera herida es la más profunda]. Es probable que la estés cantando en este momento. Cuando una muchacha se casa, espera que la vida sea especial, y que su esposo sea quien "esté siempre a mi lado, me sostenga y nunca me lastime"... al menos, no intencionalmente. Pero cada relación atraviesa momentos cuando no es así, y en cada relación las personas se hieren ocasionalmente. La primera herida llega hasta lo más profundo. Los problemas se agravan cuando esa misma herida se vuelve a abrir reiteradas veces, y en algunos casos llega a convertirse en una lesión.

Espero que tu relación esté basada en la confianza y el respeto, pero en los años que llevo hablando con mujeres de todo el país, he encontrado demasiadas mujeres que día tras día experimentan heridas profundas de los hombres que esperaban que las amaran. A veces esas heridas son sutiles e incluso involuntarias; sin embargo, otras veces son intencionales. Algunas mujeres se encuentran atrapadas en relaciones de las que no tienen idea de cómo salir. Su pareja no les muestra amor, las humilla, las insulta, las controla y muchas otras cosas. Incluso puede que las fuercen a tener relaciones sexuales y las zarandeen, las ahoguen, las abofeteen, les den puñetazos o las amenacen con herirlas a ellas o a sus hijos.

---

## Las muchachas grandes no lloran

A menudo nos dicen que el dolor es simplemente parte de las relaciones, como si debiéramos permanecer inmutables y ni siquiera mencionarlo, porque eso posiblemente empeore las cosas. Nos dicen que las muchachas grandes no lloran. Muchísimas veces, cuando las personas piensan y actúan de esta manera, el dolor se convierte en una lesión.

Por ejemplo, si él creció en un hogar donde los gritos eran la norma y ella no, ella no se pondrá histérica, sino histórica, y recordará la vez en que alguien le gritó. En vez de decirle que sus gritos la han herido, ella simplemente se guardará sus sentimientos y no dirá nada para que él no le vuelva a gritar.

---

Todo esto me quema hasta los huesos. *No* puede haber ninguna de estas conductas en las relaciones, y punto. Pero las hay. Si el mensaje de este capítulo no es personalmente para ti, probablemente conozcas a una o dos amigas que se sienten violadas o incluso viven un infierno diario. "Aproximadamente treinta y tres millones de personas (el 15% de todos los norteamericanos adultos) admiten ser víctimas de violencia doméstica. Además, seis de cada diez adultos afirma conocer personalmente a alguien que ha experimentado violencia doméstica".[1]

## Durmiendo con el enemigo

La primera vez que las mujeres heridas conocieron a su pareja, admiraban su fortaleza. Puede que hayan visto uno o dos arrebatos de ira, pero pensaron: *No, él nunca me trataría de esa manera.* Pero lo hizo, y lo sigue haciendo. Demasiadas mujeres se despertaron un día "durmiendo con el enemigo". Sin embargo, muchas de ellas no son objetivas sobre el dolor que soportan.

Muchas veces las mujeres encuentran valor para comenzar a hablar conmigo sobre su relación, pero inmediatamente se retractan y se echan toda la culpa. "Estoy segura de que hice algo que lo provocó", tratan de explicar. "Es mi culpa. Si yo fuera una mejor amante, nada de esto habría sucedido". Y la puerta de la sinceridad se vuelve a cerrar. No obstante, la sinceridad es un paso crucial para encontrar una solución y la sanidad.

## Heridas profundas, muchas excusas

Muchas de las mujeres heridas que he conocido no son las víctimas clásicas de abuso físico, que ahora denominamos "violencia de género". Cuando hablamos, a menudo les pregunto: "¿Te ha golpeado?".

Muchas veces, hacen un gesto de negación con su cabeza y dice algo como: "No, no me ha golpeado exactamente".

Esa no es puntualmente la respuesta más clara, así que les sigo preguntando: "¿Qué quieres decir con 'no exactamente'?".

Algunas no quieren dar el paso siguiente de ser más vulnerable, de modo que cambian de tema, pero otras me cuentan algunas situaciones en particular: "Estábamos discutiendo. Él me gritaba y me acusaba de algunas cosas que yo no había hecho. Y luego me zarandeó".

En estas conversaciones, el nivel de temor que estas queridas mujeres experimentan es extremo; de modo que tengo que seguir haciendo preguntas con paciencia y persistentemente. "¿Cómo te zarandeó? ¿Qué pasó exactamente?".

> Una herida se olvida más rápidamente que un insulto.
> LORD CHESTERFIELD

Cuando describen el abuso físico que soportan, las mujeres a menudo minimizan el daño, se culpan a sí mismas y excusan a su marido. Como resultado, se desarrolla un ciclo de abusos. En algunos casos, la herida física es profunda y duradera. Los cálculos más conservadores estiman que un millón de mujeres norteamericanas experimentan violencia doméstica cada año, pero otras autoridades calculan cuatro millones.[2] Sin embargo, mucho más a menudo, las heridas infligidas a una mujer no son físicamente visibles; pero son devastadoras, pues ocasionan un daño emocional y psicológico invisible. Para que comprendas mejor este problema —para ti misma o para una amiga—, analizaremos brevemente los tipos de heridas.

## Abuso

Las mujeres podrían experimentar abuso físico, sexual o emocional. La violencia física podría ser en forma de golpes, bofetadas, puñetazos, estrangulamiento, cortes, disparos, zarandeos, sujeción o pellizco. El abuso sexual es todo tipo de contacto sexual inapropiado, incluso una amplia variedad de conductas, que van desde relaciones sexuales forzadas hasta manoseo con lenguaje insinuante. Todo este tipo de abuso explícito produce un trauma emocional, pero la causa más común de daño es a través de ataques verbales: culpar, acusar, distanciamiento, silencio y gritos, a menudo acompañado por miradas crueles.

## Distanciamiento

Una forma particularmente dolorosa de abuso ocurre cuando las parejas se distancian física o emocionalmente. Algunos hombres salen de la casa ciegos de furia y no regresan durante días, semanas o incluso meses. Sin embargo, algunos se quedan en la casa, pero se niegan a hablar. Ambas formas de distanciamiento están destinadas a castigar y controlar a la otra parte, y son asombrosa y diabólicamente eficaces.

## Eligen a otra persona u otra cosa

Uno de los momentos más trágicos en la vida de una mujer ocurre cuando se da cuenta de que su esposo ha elegido a otra persona y no a ella. La mayoría de las mujeres que pasan por esta situación sospechan de eso por mucho tiempo; pero se niegan a perseguirlo, ¡precisamente porque podría ser verdad! Cuando lo desenmascaran, el sueño de ser la única en su vida se hace añicos. Estudios muestran que del 3 al 4% de las personas casadas han tenido una pareja sexual aparte de su cónyuge en determinado año, y del 15 al 18% de las personas casadas han tenido otra pareja sexual en algún momento de matrimonio. Lamentablemente, la estadística para las parejas cristianas no es muy diferente.[3]

Las aventuras emocionales son igualmente devastadoras, pero no tan ampliamente comprendidas. Hablé con una mujer que me confesó que, durante meses, había sospechado que su esposo se estaba viendo con su noviecita de la secundaria. Por mucho tiempo, ella trató de no hacer caso a sus sospechas, pero un día miró la agenda digital de su esposo y vio que había recibido un mensaje electrónico de ella. ¡Este incluía un contenido totalmente inapropiado para enviarlo a un hombre casado! Ella lo confrontó, y descubrió que hacía dos años que se estaban comunicando por teléfono y mensajes electrónicos. No habían tenido relaciones sexuales, pero la naturaleza de los mensajes indicaba que no faltaba mucho para que pasaran de una aventura emocional al sexo.

He hablado con infinidad de mujeres que, con lágrimas en sus ojos, me contaban la historia de que su esposo o novio amaba el alcohol, las drogas, la pornografía o el juego más que a ellas. Estas mujeres rogaban, imploraban y amenazaban en su afán de conseguir que el hombre que amaban cambiara, pero nada les dio resultado. Sí, algunas veces el hombre que amaban les decía: "Perdóname. No lo volveré a hacer". Pero días más tarde volvía a su antiguo engaño.

## Mensajes mezclados

Cuando hablo con las mujeres acerca de las heridas profundas que experimentaron y la aguda decepción que sintieron cuando sus sueños de un verdadero amor fueron destrozados, algunas me miran confundidas y me dicen: "Pero Julie, él no es así todo el tiempo. La mayor parte del tiempo está bien, y a veces es maravilloso".

Entonces aprovecho la oportunidad para explicarles el poder manipulador de los mensajes mezclados. Si él siempre fuera bueno y amable, no estaríamos conversando sobre ese tema, y si él siempre fuera malo, es probable que ella tuviera el valor y la lucidez de marcharse. Pero los hombres más abusivos saben intuitivamente que con los mensajes mezclados pueden retener a su esposa. La mezcla de afirmación y acusación produce una combinación de esperanza y temor en la mujer: esperanza de que él será dulce con ella, porque ella ansía recibir su ternura y su cariño; pero temor a que él la vuelva a herir. En respuesta, ella se aferra aún más a él y excusa su conducta dañina porque anhela ser amada.

La esperanza y el temor forman grillos muy fuertes que la mantienen controlada. La mujer debe fijarse una regla de no excusa.

## La apariencia pública

He hablado con mujeres que me dijeron: "He querido hablar con alguien de nuestra iglesia sobre mi esposo, pero no me creerían. Para ellos, él es un esposo y padre ejemplar: bueno, atento y cariñoso. Pero en privado, ¡es un tirano!". Algunas de estas mujeres han tratado de pedir ayuda, pero casi siempre se piensa que están exagerando el problema, así que les dan un consejo superficial y las envían de vuelta al caldero del dolor.

## Por qué somos presa de este tipo de relaciones

Las mujeres que se encuentran en una relación hiriente, no se despiertan sencillamente un día y se dan cuenta de que están en problemas. Muchas de ellas crecieron en familias donde las adicciones, el abuso o el abandono destruyeron su confianza. Se casaron con un hombre igual que su padre, y el resultado fue más que predecible. Las mujeres que viven una relación difícil con su pareja son presa de este tipo de relaciones por varias razones. Al leer, recuerda la definición de locura: hacer lo mismo pero esperar un resultado diferente.

### No sabemos qué hacer

Algunas mujeres han vivido relaciones dolorosas y abusivas toda su vida, y no tienen idea de que la vida podría ser diferente. Cada día, se dedican a sobrevivir, sin amor ni comprensión. Ponen todo de su parte; pero sin objetividad, están destinadas a "dar manotazos de ahogados" en vez de buscar un cambio real y una solución positiva para los problemas de la relación. Puede que ante una leve vislumbre de que la relación no está funcionando, den uno o dos pasos dubitativos hacia la cordura; pero rápidamente vuelven a agostarse (o enclaustrarse) en su antiguo rol de pacífica sumisión.

### Toda la culpa es mía

Las personas que sufren heridas profundas siempre tienen un sentido distorsionado de la responsabilidad. Se culpan a sí mismas de sus propios problemas y del comportamiento y los problemas de otras personas, y tal vez incluso por el déficit nacional. Aceptar toda la culpa es su forma de disminuir el nivel de tensión. Saben que si les dijeran la verdad a los abusadores, cosecharían un torbellino de expresiones de enojo, ¡y por supuesto no quieren pasar por eso otra vez! Sin embargo, tarde o temprano su "tanque de la culpa" se llena y desborda. En ese momento es cuando ansiosamente culpan a los demás de sus faltas y errores.

## El pozo profundo del dolor y el enojo

Hablé con una mujer que vivió quince años con un esposo iracundo y controlador.

—Durante años tuvimos discusiones fuertes y prolongadas, pero después de un tiempo no pude soportarlo más. Entonces me di por vencida, y hace diez años que ya no discutimos tanto. ¿Estoy haciendo bien? —me dijo.

—¿Te está dando resultado? ¿Qué estás haciendo con todo ese enojo? —le pregunté sencillamente.

—¡Ah! tengo mucho resentimiento hacia él —me respondió instantáneamente.

¡Es algo serio! El dolor y el enojo que no se resuelven (son dos caras de la misma moneda) contaminan cada aspecto de nuestra vida. Podríamos pensar que tenemos buenas razones para cerrarles la puerta a los hombres abusivos, porque no encontramos la manera de aliviar el dolor y sanar las heridas; pero cuando las llagas se infectan, nuestros pensamientos se confunden, perdemos el gozo y se distorsiona cada relación de nuestra vida. En vez de brindarnos a otros con alegría y servicio, necesitamos que sanen nuestras heridas, y entonces les exigimos que nos traten de cierta manera. Desde luego, ellos no saben que estamos esperando que sanen la herida abierta de nuestro corazón, y entonces pronto nos decepcionan. Puesto que nos defraudan, los agregamos a la lista de personas con las que estamos enojadas, y pasamos a otra persona. Déjame decírtelo otra vez: tu pasado no es tu pasado si sigue afectando a tu presente.

## Frágil

Las mujeres que viven bajo una montaña apabullante de abuso y temor se vuelven muy frágiles, y eso las hace aún más indefensas.

Es como tener un brazo roto; ante el más mínimo golpe, ¡duele un montón! Y todos los días recibimos golpes de nuestro esposo, nuestros hijos, nuestro entorno laboral, nuestras amigas... en cada situación de nuestra vida. Vivir de esta manera causa estragos en nuestra confianza. Si alguna vez nos sentimos bien con nosotras mismas, ahora ya no. La vergüenza es la percepción de que no somos dignas de que alguien nos ame. Somos víctimas sin consuelo ni esperanza, y siempre seremos así.

## Damos vueltas alrededor del problema

Una de las partes más tristes de las historias que las mujeres abusadas cuentan es que no tienen esperanza de un cambio. En vez de afrontar la realidad de su situación, sienten que solo pueden tratar de controlar la ira de su esposo, minimizar el daño mediante la satisfacción de cada demanda y encontrar cierto sentimiento de paz y gozo en los hijos o en otra cosa. Viven en silencio, bajo la amenaza de venganza si hablan. Cuando las mujeres se atreven a hablar conmigo, a veces les pregunto: "¿Cuánto hace que vives así?".

A menudo me dicen que hace años que viven así. ¡Años! Cada día es horrible, pero no encuentran ninguna salida. Entonces les pregunto: "¿Por qué no se lo dijeron a nadie antes?".

Casi siempre, abren los ojos bien grandes y dicen: "Julie, no tienes idea de lo furioso que se pondría él si supiera que en este momento estoy hablando contigo". La decisión de afrontar una relación abusiva no es como la decisión de escoger qué cenaremos esta noche. No, es casi como de vida o muerte. Decir la verdad es terriblemente intimidatorio. Y se corre el riesgo de provocar más ira, condenación y violencia que nunca.

No estamos en condiciones de vivir bajo esta clase de estrés por mucho tiempo. Tarde o temprano, nos quebramos emocional y físicamente. Algunas mujeres que viven en relaciones abusivas se vuelcan en la comida, los hijos, las píldoras, las drogas ilegales o el alcohol para enmascarar su dolor y encontrar algún alivio. Muchas más mujeres viven en el silencio ensordecedor de la depresión, en el cual se sienten totalmente desesperanzadas, sin energía o propósito para seguir adelante. Y muchas otras sufren bajo la tensión constante de la ansiedad.

Encuestas revelan que casi el 20% de los adultos en los Estados Unidos experimenta trastornos de ansiedad cada año.[4]

## Aclaremos cierta confusión

Las mujeres que viven en relaciones abusivas necesitan desesperadamente alguien que esté junto a ellas. Si tú eres una de estas mujeres, busca una consejera profesional cristiana o un pastor experimentado en ayudar a víctimas de abuso. Si el abuso es violento, no dudes en ir inmediatamente a un refugio para mujeres. Y si conoces a alguien que se encuentra en esta situación, no le des respuestas simplistas como "limítate a orar por esto" o "confía en Dios y todo terminará". Ofrécele un hombro para llorar, un oído para escuchar y palabras de fortaleza mientras tu amiga sale de las tinieblas a la luz. Las mujeres que soportan abusos necesitan resguardarse y poner límites saludables, para evitar más daño y encontrar cierta paz. En muchos casos, se sienten tremendamente culpables incluso por mencionar el problema. Cuando comienzan a tomar medidas de acción, casi siempre se sienten aterradas por las consecuencias.

Muchas mujeres cristianas se sienten confundidas a la hora de poner límites, porque se las instruye a ser obedientes y sumisas, incluso con las personas abusivas. Se usan varios pasajes de las Escrituras para respaldar esta falacia, y muchas veces, en su confusión, las mujeres se sienten obligadas a someterse; pero les provoca irritación sentirse controladas. Necesitamos una perspectiva más amplia sobre este asunto, una que tome en cuenta toda la enseñanza de las Escrituras. Dios aborrece la violencia y nunca esperaría que vivas en una relación abusiva (Malaquías 2:16). Vamos a ver tres principios importantes.

## El derecho a la autoprotección

Algunos maestros de la Biblia dicen que un cristiano no tiene derechos en absoluto. En un sentido, eso es verdad. Si llamamos a Cristo "Señor", nos sometemos a su autoridad cada vez que nos da una instrucción. Pero aunque podríamos no tener derecho a ir contra la voluntad de Dios, Él nos ha concedido el derecho y la responsabilidad de actuar correctamente en las relaciones humanas. Como sus hijos amados, debemos ser fuertes y sabios. Jesús nos amonesta a ser "astutos como serpientes e inofensivos como palomas" (Mateo 10:16). Esto significa que debemos entender la dinámica de los motivos y las acciones en cada relación y actuar con sabiduría y astucia, no con manipulación o venganza.

Cuando las personas abusan de nosotras o nos controlan, debemos protegernos. Pablo advirtió a Timoteo sobre el hombre que lo había atacado: "Alejandro —el que trabaja el cobre— me hizo mucho daño, pero el Señor lo juzgará por lo que ha hecho. Cuídate de él, porque se opuso firmemente a todo lo que dijimos" (2 Timoteo 4:14-15). De la misma manera, necesitamos cuidarnos de aquellos que nos han herido o que amenazan con hacernos daño. Sin embargo, cuidarnos no significa que contraataquemos. Las palabras de aliento que Pablo le dio a Timoteo era la certidumbre de que el mismo Dios juzgaría a Alejandro por hacerle daño. Protegernos es totalmente correcto; vengarse no.

## La naturaleza del amor

Primero y sobre todo, debemos someternos al Señor y no a las personas. Debemos obedecerle a toda costa y en todo tiempo. La pregunta, entonces, es esta: ¿Cuál es la voluntad del Señor cuando nos encontramos en situaciones difíciles? Podemos encontrar muchos pasajes en la Biblia que nos enseñan a amarnos unos a otros, pero muchas de nosotras estamos confundidas sobre lo que significa amar a una persona adicta o abusiva. Si un alcohólico te pidiera un trago, ¿le estarías amando si le dieras una botella? Por supuesto que no. Darle alcohol podría ser someterse a su voluntad, pero no sería para su bien, y por lo tanto no sería honrar al Señor.

De la misma manera, si una persona exigente, abusiva y manipuladora te ordenara que te sometas, ¿la estarías amando si cedieras a sus demandas? No. Amor sería confrontar su comportamiento y ayudarle a dar pasos hacia tener dominio propio, responsabilidad y benignidad. Someterse y obedecer por temor es entendible, pero no es obedecer a Dios, ni amar a la persona abusiva; porque no es lo mejor para él.

Pablo exhortó a sus lectores y les dijo: "no finjan amar a los demás; ámenlos de verdad" (Romanos 12:9). No te acobardes por temor cuando obedezcas a una persona abusiva, y luego digas que es amor.

El amor genuino es suficientemente fuerte para decir la verdad y hacer lo que es mejor para la otra persona, aunque a ella no le guste. Amor genuino también es buscar sabiduría para asegurarte de estar haciendo lo correcto, sin convertirte en un felpudo ni tratar de solucionar compulsivamente los problemas de la otra persona por temor, y por otra parte, no negarte a ayudarla porque estás enojada.

## Cómo responder al necio

Hay varios pasajes del libro de Proverbios que hacen referencia a la necesidad de fijar límites en las relaciones abusivas. Muchos de los proverbios hablan de la sabiduría y la necedad. Un necio es alguien obstinado que exige las cosas a su manera, aunque lastime a otras personas y a él mismo. Aquí hay una pequeña lista de estos pasajes:

- "Los necios se burlan de la culpa, pero los justos la reconocen y buscan la reconciliación" (14:9). Los necios no admiten que están equivocados.
- "A los necios no les interesa tener entendimiento; sólo quieren expresar sus propias opiniones" (18:2). Los necios no escuchan a otras personas, pero en cambio insisten en que los escuchen.
- "Los necios dan rienda suelta a su enojo, pero los sabios calladamente lo controlan" (29:11). Los necios a veces estallan de ira y usan su enojo para intimidar a otros.
- "El mensajero no confiable cae en problemas, pero el mensajero fiel trae alivio" (13:17). Los necios dicen cosas que hieren a otros en vez de sanarlos.

¿Cómo deberíamos responder a los necios? Hay dos proverbios que parecen contradecirse, pero indican que necesitamos ser sabias y selectivas en nuestra estrategia. "No respondas a los argumentos absurdos de los necios o te volverás tan necio como ellos. Responde a los argumentos absurdos de los necios o se creerán sabios en su propia opinión" (26:4-5). A veces debemos estar en silencio y no discutir con el necio; pero otras veces debemos hablar denodada y claramente para refutarlo. Conocer la diferencia requiere sabiduría.

"Camina con sabios y te harás sabio; júntate con necios y te meterás en dificultades" (13:20). Si pasamos demasiado tiempo entre necios, inevitablemente saldremos heridos, pero si decidimos pasar tiempo con personas amorosas, amables y sabias, seremos como ellas.

¿Debemos perdonar a aquellos que nos han herido y que siguen tratando de controlarnos? Sí, Dios nos ordena perdonarlos. ¿Deberíamos confiar en ellos? No necesariamente. El perdón y la confianza son cosas distintas. Se nos manda perdonar, pero nunca se nos manda confiar en personas poco confiables. La confianza debe ganarse por medio de una conducta amable, respetuosa y consecuente. Confiar en aquellos que no han demostrado ser confiables sería una necedad.

Cuando comenzamos a fijar límites, a menudo sentimos muchísima culpa y confusión. Puede que las personas abusivas o manipuladoras nos digan que estamos siendo egoístas al fijar límites, y seamos tentadas a ceder y volver a nuestro antiguo proceder. Fijar límites —y persistir en ellos— es ser obediente a Dios y vivir de acuerdo a nuestra nueva y firme identidad en Cristo, y esto sustenta y edifica esa nueva identidad. Además, nuestra sinceridad y fortaleza ofrecen las mejores oportunidades para que la persona abusiva cambie y el amor crezca. Nuestra disposición a decir la verdad, fijar límites y administrar las consecuencias produce un nuevo entorno de integridad, y ofrece la oportunidad para que la otra persona se arrepienta. No podemos saber si responderá positivamente. Solo podemos ser fuertes y darle esa oportunidad.

Algunos líderes cristianos tienen una perspectiva limitada de la sumisión de una esposa. Necesitamos poner los versículos sobre la sumisión en el contexto más amplio del derecho a la autoprotección, la verdadera naturaleza del amor y la exhortación a responder adecuada y sabiamente a los necios. Estos conceptos nos ayudarán a fijar buenos límites.

## ¡Habla con tu esposo!

En algunos casos, lo último que debería hacer una mujer que soporta abuso es entrar a la sala de su casa y confrontar a su esposo. Si él ha demostrado tener una naturaleza explosiva y reactiva, ella debería ser sabia y prudente en sus acciones. No estoy diciendo que debería seguir en esa situación sin tomar ninguna medida para cambiarla, sino que debería cuidarse de no exponerse a más violencia y abuso. Si esto sucede en una relación de noviazgo, mi mejor consejo para ella es que huya ahora mismo y corra lo más rápido que pueda.

Ella necesita buscar una persona competente y experimentada que le ayude a tomar medidas para encontrar una solución. No se trata solo de buscar una buena amiga o una persona cristiana que conozca la Biblia. Su situación puede ser peligrosa y, por lo general, requiere un profesional.

> Se considera con razón que el valor es la primera de las cualidades humanas, porque es la cualidad que garantiza todas las demás.
>
> WINSTON CHURCHILL

El consejero o pastor ayudará a trazar un plan de acción, que incluya medidas para proteger a la mujer abusada y confrontar el problema de una manera que ofrezca un camino de esperanza para ambas partes. Este intermediario también podría estar presente en una o más conversaciones con el hombre abusivo. También se podría buscar la participación de un policía o abogado para proteger y aconsejar a la mujer.

Anteriormente, sugerí en el libro usar un bosquejo para las conversaciones sobre la base de: *siento, quiero, prometo*. Sin embargo, al hablar con una persona abusiva no expreses tus sentimientos, porque él lo usará en contra de ti. En cambio, comienza con una clara afirmación de lo que quieres y luego lo que estás dispuesta a hacer en pro de la relación.

Estas cosas no necesariamente son fáciles de determinar. Muchas mujeres necesitan ayuda para dilucidar lo que quieren. A menudo se enfocan en los pormenores en vez de enfocarse en el gran problema de edificar la confianza y en el proceso de buscar una reconciliación. En la mayoría de los casos, aconsejo a las mujeres que digan: "Quiero una relación basada en la confianza y el respeto. En este momento, no tengo eso; pero estoy dispuesta a poner de mi parte, si tú también estás dispuesto a hacerlo". ¡No esperes que él se arrepienta inmediatamente!

Y no te fijes solo en sus palabras. Sus acciones revelan lo que verdaderamente cree. Tenemos tendencia a responder a conversaciones tensas de la misma manera una y otra vez. Si analizamos detenidamente nuestras conversaciones más difíciles, probablemente veamos un patrón muy claro. El autor y consejero Jeff VanVonderen advierte a las personas contra el peligro de "agrandarse" o "achicarse". El objetivo en cualquier conversación dolorosa es "seguir siendo quien eres".

Las personas se agrandan cuando dan la cara, levantan la voz, se muestran amenazantes, apuntan con su dedo a la cara de la otra persona y exigen que hagan lo que ellas quieren. ¿Has sido receptora de estos artificios? ¿Acaso los has usado para salirte con la tuya? El objetivo de estas personas es intimidar a otras personas, hacer que se retracten y ganar a toda costa.

Nos achicamos cuando enfrentamos a una persona intimidante (o a alguien que solo está diciendo la verdad con calma, pero que percibimos como intimidante) y comenzamos a hundirnos en nuestra silla, bajamos o desviamos la vista, susurramos en vez de hablar y murmuramos cosas sin sentido en vez de persistir en el tema. El objetivo al actuar de esta manera es terminar cuanto antes con la conversación y ceder para no contrariar a la otra persona y no agravar el conflicto.

Muchas mujeres actúan como si no tuvieran cordura, y siguen haciendo lo mismo una y otra vez, pero esperan que los resultados sean diferentes la próxima vez. Este pensamiento es erróneo y no está basado en la realidad. Podemos comenzar a mejorar nuestra comunicación en estas situaciones si analizamos el patrón típico de nuestras respuestas en las conversaciones difíciles. ¿Nos agrandamos o nos achicamos? Algunas de nosotras nos agrandamos con aquellos que percibimos menos fuertes que nosotras, como nuestros hijos; pero nos achicamos en conflictos con aquellos que percibimos más fuertes que nosotras, como nuestros padres, nuestro cónyuge o nuestro jefe.

Después de haber sido sinceras sobre nuestro comportamiento típico, tenemos un punto de referencia para el cambio. Sugiero que las mujeres ensayen su próxima conversación y procuren seguir siendo quienes son cuando hablen. Si por lo general se agrandan, pueden tomar la decisión consciente de bajar el tono de la voz, sentarse relajadamente y hacer preguntas sin interrumpir para dar su opinión. Su objetivo es que la otra persona se sienta valorada y escuchada, no ganar a toda costa.

Y si generalmente se achican, pueden visualizar que están firmemente sentadas, que establecen contacto visual y dicen la verdad en un tono de voz calmo y medido. Cuando la persona intimidante trata de superarlas, pueden decir: "No, tú necesitas escuchar lo que yo estoy diciendo". Al principio, el individuo intimidante no creerá que ella hable en serio. Puede que piense que seguramente se doblegará si él le demuestra un poco más de enojo. Después de todo, eso es lo que ha hecho antes. Entonces, ella podría decir: "Debes saber que las cosas han cambiado. No voy a ceder como lo solía hacer. Quiero una relación verdadera, no una relación basada solo en tu autoridad y mi sumisión. Espero que tú quieras lo mismo, pero va a requerir que ambos hagamos algunos ajustes".

¡No esperes sentirte completamente cómoda cuando cambies tu manera de responder en las situaciones más adversas de tu vida! Esta clase de cambio no es fácil. Es probable que te sientas insegura, culpable y confundida. Es decisivo que tengas una amiga madura o una consejera que te ayude a prepararte para este importante cambio en la comunicación, y te ayude a entender que el valor puede superar todos los temores y las dudas que afrontes. Sin embargo, después de algunas veces, te darás cuenta de que puedes hacerlo. Cambiar tampoco será fácil para él. Al principio, no creerá que hablas en serio, y cuando vea que persistes, puede que redoble sus esfuerzos por intimidarte. Prepárate y sé fuerte.

La percepción de nosotras mismas no es opcional en las relaciones difíciles. Simplemente debemos analizar detenidamente nuestros patrones de pensamientos, sentimientos y acciones para que podamos hacer los cambios necesarios. Si no somos totalmente sinceras con nosotras mismas y con los demás, es casi seguro que quedemos atrapadas en los mismos patrones destructivos que nos han dado tan malos resultados por mucho tiempo.

Las mujeres en este tipo de relaciones han sufrido daños graves en su mente y corazón, de modo que aunque los hombres abusivos respondan de manera rápida o positiva, las mujeres necesitan tiempo y atención para aceptar todo lo que han perdido y perdonar al ofensor en la medida y prontitud que puedan. El perdón no es tan solo un sentimiento agradable. Es una decisión; los sentimientos llegarán tarde o temprano. Las mujeres que soportan abusos no tienen garantías de que su sinceridad y propuesta de reconciliación sean aceptadas. Lo único que una mujer puede hacer es hacerle la propuesta y dejar que su marido responda. Si él dice que sí, la pareja puede comenzar a atravesar el largo y accidentado proceso de la reedificación de la relación. Si lo hacen, puede que encuentren más amor y paz que nunca. Se enfrentarán a muchos problemas y contratiempos, de modo que es necesario que las mujeres estén listas para cada obstáculo a superar.

En todo esto, Cristo ha prometido su presencia, poder y compasión. Él entiende, porque fue rechazado y soportó abusos. Él es compasivo, y ama a los marginados y a los que tienen el corazón herido. Y ofrece paz a cualquiera que está dispuesto a tomar su mano. ¡Él lo ha prometido!

## *En la Palabra: Aplicación práctica*

Puede que haya sido difícil para ti leer este capítulo. Fue un capítulo difícil de escribir. He hablado con muchas mujeres que me han contado detalles horribles de la relación abusiva que han vivido durante años. Sus historias me rompen el corazón, porque nunca deberían haber sucedido. En esta última sección, quiero analizar en detalle cómo es el abuso y cómo responder bíblicamente.

Primero, daremos un vistazo general al abuso y las personas involucradas. *Violencia doméstica* es el nombre que se da a una situación donde el cónyuge más fuerte (por lo general el hombre, pero no siempre) abusa del más débil (por lo general la mujer, pero no siempre). Este abuso puede ser físico, sexual, verbal y emocional. El abusador seguirá realizando el abuso, porque de esa manera consigue lo que quiere: el control y la manipulación del otro cónyuge.

Una persona codependiente es un cónyuge adicto a una relación mala o abusiva. Esta persona excusa, niega, minimiza y, a fin de cuentas, apoya la violencia de su cónyuge. Ten presente que *ambos* cónyuges son adictos a este terrible bailoteo, y se necesitarán los esfuerzos concertados de muchos para ayudarles a cortar y vencer este círculo vicioso.

Un círculo de codependencia y abuso puede terminar, literalmente, con la vida de la víctima o como mínimo causarle gran daño. Es probable que ella justifique su parte al creer que ella y la relación morirán si se resiste a la violencia (debido a la ira de él contra ella o a la pérdida de la relación). Ella piensa que tratar de controlar al abusador y vivir con él es mejor que correr el peor riesgo de perder al hombre que todavía ama.

## Aclaremos cierta confusión

El abuso conyugal no es algo que una mujer pueda controlar y con lo que pueda vivir. Cada vez será más grave hasta que alguien salga herido profundamente o incluso pierda la vida. También se transmitirá a los hijos, que están viendo un modelo corrupto y aprendiendo a abusar o sufrir abusos cuando sean adultos. El abuso y la violencia no tienen cabida en la familia. Deben cesar inmediatamente. El abusador debe ser detenido, o la víctima debe dejar la relación hasta que el abusador haya cambiado. (Esto no significa automáticamente el divorcio, sino que podría conllevar un periodo sustancial de separación). Aunque ambas cosas nos causen temor y no nos den ninguna garantía, ¡la clave es hacer lo necesario para *detener la violencia de inmediato*!

En su exposición sobre la violencia en *The Soul Care Bible* [Biblia para el cuidado del alma], Leslie Vernick explica cinco métodos que toda víctima de violencia debería estudiar y tomar en serio para comenzar un nuevo ciclo de acción frente a la violencia.

*1. Protegerse de las personas violentas.* Proverbios 27:12 dice: "El prudente se anticipa al peligro y toma precauciones". Tú tienes derecho, incluso la obligación —por el bien de tus hijos y por el futuro de tu matrimonio— de fijar límites firmes, que no permitan la violencia de parte de tu cónyuge. El mejor resultado de tus intentos por controlar la situación debería conllevar el cambio a una posición que le muestre a tu esposo que un trato piadoso nunca incluye violencia. En la relación adicta no hay límites saludables. Una mujer sabia evita cualquier pelea sin ceder a exigencias coercitivas, y si no puede lograrlo, simplemente se marcha. Nunca olvides esta verdad fundamental: tú tienes el derecho y la obligación de proteger tu propia vida y la vida de tus hijos de la violencia.

*2. Sacar a la luz las obras de las tinieblas.* Efesios 5:11 dice que los creyentes "no participen en las obras inútiles de la maldad y la oscuridad; al contrario, sáquenlas a la luz". Insisto en que esto refuerza el llamado a salir de la codependencia, que pertenece a las tinieblas, hacia la luz. La exposición aquí pone en funcionamiento un plan totalmente nuevo: el abusador sufre el dolor de sus malas obras en vez de conseguir lo que quiere.

La exposición debe hacerse con cuidado, y naturalmente debe dar lugar a la participación de otros. El solo hecho de identificar la violencia por lo que es y dejar que el abusador sepa que ya no es aceptable contribuirá en gran medida a cambiar la relación entre los dos. Pero luego necesitarás a una buena amiga, pastor o alguien que supervise la medida de tu firmeza. Podría ser necesario incluir a la policía si está en juego tu seguridad inmediata debido a la actitud defensiva de tu cónyuge y su negación a recibir consejo.

*3. Decir siempre la verdad en amor.* Efesios 4:14-15 nos ayuda a identificar nuestro objetivo. "Ya no seremos inmaduros como los niños. No seremos arrastrados de un lado a otro ni empujados por cualquier corriente de nuevas enseñanzas. No nos dejaremos llevar por personas que intenten engañarnos con mentiras tan hábiles que parezcan la verdad. En cambio, hablaremos la verdad con amor y así creceremos en todo sentido hasta parecernos más y más a Cristo, quien es la cabeza de su cuerpo, que es la iglesia". El ciclo del abuso y la codependencia es astuto y maligno.

Tenemos buenas noticias: ¡en Cristo podemos salir de ese círculo vicioso para entrar a uno nuevo y santo! Aprendemos que la verdad sin amor finalmente es dura y destruye las relaciones, mientras el amor sin la verdad no fija ningún límite y permite que toda clase de pecados se agraven y contaminen.

Leslie observa que esta es la manera de vencer el mal; no con un contraataque que produzca más mal, sino con el bien que proviene de decir la verdad en amor y nombrar la violencia y las amenazas por el mal que representan. A la larga, tú (o un terapeuta o un pastor) pueden hablar con él sobre sus temores de perderte si no ejerce control sobre ti. También puedes advertirle que más abusos contra ti, en realidad harán que te marches. Estos pasos pueden ayudarle a atreverse a dejar que el amor y el respeto guíen la relación.

*4. Permitir que los violentos experimenten las consecuencias de sus acciones*. Proverbios 19:19 revela: "Los que pierden los estribos con facilidad tendrán que sufrir las consecuencias. Si los proteges de ellas una vez, tendrás que volver a hacerlo". En una relación adicta, la mujer es una protectora consumada; ella elude y ayuda al abusador a evitar las consecuencias de su ira y violencia. Este comportamiento se repite una y otra vez hasta que uno de los dos se marcha o muere. Si él puede seguir manipulándote en temor, nunca dejará de usar la violencia o la amenaza de controlarte. Pero si tú te vas de la casa cuando él se pone más violento, o si él termina en la cárcel por conducta violenta, rápidamente aprenderá que su abuso tiene un costo alto. Por un breve tiempo, este costo te parecerá más alto que el costo de todas las veces que lo protegiste y trataste de controlarlo en vano. Pero debes persistir en ello por un tiempo determinado, mientras el abusador se ensaña en que el ciclo siga su curso.

5. *Finalmente, tener misericordia del enemigo.*

> Queridos amigos, nunca tomen venganza. Dejen que se encargue la ira de Dios. Pues dicen las Escrituras: "Yo tomaré venganza; Yo les pagaré lo que se merecen", dice el Señor. En cambio, "Si tus enemigos tienen hambre, dales de comer. Si tienen sed, dales de beber. Al hacer eso, amontonarás carbones encendidos de vergüenza sobre su cabeza". No dejen que el mal los venza, más bien venzan el mal haciendo el bien (Romanos 12:19-21).

Al mantener una actitud de amor y no pagar mal por mal, harás que le remuerda la conciencia, y a través de esa diminuta abertura el Espíritu Santo entrará e inquietará a tu esposo sobre su pecado. Si sigues siendo misericordiosa, buena y atenta —aunque persistas firmemente en los nuevos límites que has fijado—, le mostrarás a aquel que amas que no eres su enemiga y que verdaderamente lo amas y quieres que la relación perdure. Tus verdaderos enemigos —las cosas que los dos aportan y contra las que pueden pelear durante la etapa final de esta transformación— son su violencia impía y tu codependencia.

Solo la obra de Dios en nuestra vida puede darnos poder para salir de este círculo vicioso. En nuestras propias fuerzas, nos sentimos demasiado superadas por nuestro temor o ensañamiento en ser eficaces de esta manera. Debemos orar para poder dar estos cinco pasos si queremos dar al hombre de nuestra vida la oportunidad de triunfar y dejar atrás el comportamiento que él detesta secretamente en algún rincón de su ser.

## Ten un plan para mantener tu vida y la vida de tus hijos a salvo

Si tú o alguien que amas está en una relación abusiva, ten un plan de escape y busca un lugar seguro donde puedas estar alejada de la violencia. Muchas comunidades tienen refugios que albergan a mujeres necesitadas y a sus hijos por varios días. Si tienes familiares cerca que pueden ofrecerte un lugar de refugio, mucho mejor.

El plan incluirá tener una maleta preparada con ropa necesaria y artículos de asistencia familiar, y esconderla con antelación en tu auto o en un lugar seguro de la casa. Recuerda que te has comprometido a detener la violencia a pesar de lo molesto que pueda ser para la rutina de la familia. El abusador podría romper cosas de la casa o arder de ira, pero no debes permitir que tu vida ni la vida de tus hijos sean víctimas de esa ira.

No permitas que su arrepentimiento repentino, sus súplicas de perdón o sus lágrimas te disuadan de marcharte por un tiempo. El patrón de abuso y codependencia a menudo incluye repetidos atajos hacia la reconciliación, que incluyen confesión y promesas compungidas de que el abuso no volverá a suceder. Si has creído eso en el pasado, haz un alto y pregúntale a Dios cuál sería una decisión sabia en este momento. Si un arrepentimiento repentino siempre ha conmovido tu corazón en el pasado, debes actuar de manera diferente ahora. La violencia no se detendrá hasta que puedas poner en práctica los cinco pasos.

## *Preguntas para la reflexión*

1. Después de leer este capítulo, ¿dirías que tu relación actual es abusiva? Si es así, ¿qué decisiones debes tomar para terminar con la violencia?

2. Si actualmente están abusando de ti, la violencia debe terminar ahora. Primero, debes comenzar a establecer un plan de seguridad. ¿A quién puedes llamar hoy para que te ayude a desarrollar y ejecutar este plan? Haz una lista secreta de los refugios en tu zona que ofrezcan un albergue seguro si necesitas irte de tu casa.

3. Aunque actualmente no estés en una relación emocionalmente o físicamente abusiva, ¿has sido herida o heriste a tu pareja de alguna manera? Si es así, ¿qué puedes hacer hoy para enmendar, reconciliar y restaurar la relación?

*Habla con tu esposo de...*

# 8 Tus deseos y fantasías

*Estamos destinados a malinterpretar la historia de la cual somos parte.*

G. K. CHESTERTON

DESEARÍA...

¿Qué desearías? ¿Con qué sueñas?

Cada mujer vive una historia, que le gustaría que se desarrollara de la manera que ella se imagina. Pero la mayoría de las mujeres comete uno de dos errores al imaginar el futuro. Visualiza resultados demasiado pequeños o demasiado grandes. Necesitamos que esos sueños sean del tamaño adecuado como en la leyenda de "Ricitos de oro".

—Julie, he escuchado que se dice que Dios cumple nuestros sueños, pero estoy confundida. Por mucho tiempo, en realidad, no tuve ningún sueño. Viví doce años con un alcohólico violento. Sí, el día de nuestra boda fui como cualquier otra novia, llena de expectativas sobre el futuro. Pero al poco tiempo sus borracheras empeoraron hasta que llegó a consumir cocaína, y se convirtió en un tirano egoísta. Viví bajo la sombra de su adicción por mucho, mucho tiempo. Durante todos esos años, mis esperanzas y sueños se esfumaron. La mayoría de las veces, mi meta cada día solo era sobrevivir... tan solo evitar que mi vida se derrumbase —comenzó a contarme Sara.

—Lamento saber que te han herido tanto —le dije.

Sara asintió con la cabeza, y luego siguió con su historia.

—Pero esta es solo parte de la historia. En cierto sentido, mis sueños se esfumaron; pero en mi mente inventé un mundo de fantasía de pura felicidad. Día a día, soñaba que un caballero sumamente apuesto venía a rescatarme en un caballo blanco. A veces me venían a la mente pensamientos sobre un hombre bien parecido de la iglesia, al que ni siquiera conocía. ¡Vete a saber si tal vez no era un adicto también!

Se rió y luego explicó:

—Mi vida real era un desastre, pero mis pensamientos se desviaban cada día a una tierra de fantasías donde un príncipe apuesto me amaba apasionadamente. Me disgusta mucho ver mi realidad y que las cosas no son como quisiera, aunque la mitad del tiempo ni siquiera sé lo que quiero —Sara hizo una pausa por un segundo y me preguntó—: Julie, ¿piensas que estoy loca?

## Las heridas y los sueños

Las heridas que no han sido sanadas, inevitablemente distorsionan nuestros deseos. Continuadas decepciones pueden inducirnos a un desaliento tormentoso y persistente, que nos roba la esperanza de que alguna vez nuestra vida pueda ser agradable o tener sentido. Al igual que un auto con las cuatro llantas desinfladas, puede que el destino nos depare muchas cosas, pero no podemos movernos ni un par de centímetros. Cada día nos dedicamos a sobrevivir una hora más, una comida más, un encuentro más con personas que deberíamos amar, pero que nos producen temor. Gradualmente, el gozo y la espontaneidad desaparecen como por arte de magia, y el ciclo de la vida se reduce a un punto.

> Cuando una puerta de felicidad se cierra, otra se abre; pero muchas veces miramos tanto la puerta cerrada que no vemos la que se nos ha abierto.
>
> HELEN KELLER

Pero el dolor sin sanar también puede llevarnos a una reacción opuesta. En vez de abandonarnos a la desesperanza, nos volvemos desafiantes. Y pensamos: *Nunca voy a permitir que alguien me hiera otra*

*vez, y me voy a aprovechar al máximo de las personas que me rodean.*
No somos pasivas, sino exigentes, ¡y hacemos que todos sepan que no vamos a ser felices a menos que nos den lo que queremos! Como los pequeños chihuahuas, ladramos a nuestro esposo, a nuestros hijos, al cartero, al perro del vecino y a cualquiera que se atreva a cruzarse en nuestro camino.

Y algunas somos como mi amiga Sara, fluctuantes entre estos dos extremos, abatidas y desesperanzadas en un momento y exigentes al siguiente. Nos volvemos locas y volvemos locos a todos los que nos rodean.

Y otras simplemente deseamos otra cosa... o algo más.

## No hay nada de malo en los deseos

Dios nos creó con una enorme capacidad para la creatividad. De hecho, creo que la mayoría de nosotras tenemos mucha más energía creativa de la que usamos. Está ahí dentro de nosotras, esperando que la aprovechemos. A lo largo de todas las Escrituras, vemos hombres y mujeres que anhelaban más. Cuando veían una necesidad, no lo pensaban dos veces para suplir esa necesidad. Cuando veían una injusticia, movían cielo y tierra para reparar el daño hecho a las personas. Anhelar algo más no es necesariamente malo o pecaminoso. Pero debemos tener cuidado y evitar que las costumbres del mundo determinen nuestros deseos.

Dios hizo a las mujeres con una belleza intrínseca, pero lo cierto es que podemos llegar a obsesionarnos con nuestra apariencia en vez de disfrutar de la belleza que Dios puso en nosotras y en todo lo que nos rodea. Dios quiere que eduquemos a nuestros hijos de tal modo que sean fuertes, seguros e independientes; pero muchísimas veces queremos que el éxito de nuestros hijos sea el reflejo de nuestra aptitud como madre. ¡Todo tiene que ver con nosotras, no con ellos! Dios nos da muchas cosas para disfrutar, pero demasiadas veces, nuestro corazón queda cautivado por

> El deseo del hombre es para la mujer, pero el deseo de la mujer raras veces es otro que para el deseo del hombre.
> SAMUEL TAYLOR COLERIDGE

las dádivas del dinero, ropa, vacaciones, autos, casas y joyas, y nos olvidamos de dar gracias al Dador.

No deberíamos tener miedo de nuestros deseos, pero deberíamos pensar cuidadosamente hacia dónde nos llevan. Los comerciantes y publicistas tratan de convencernos de que no podemos ser felices a menos que tengamos tal producto o tal servicio. El mensaje de fondo es que necesitamos esas cosas para poder vernos más bonitas o exitosas que cualquier otra persona, quienquiera que sea.

## El mundo de fantasía

La revista *Redbook* llevó a cabo una encuesta nacional a mujeres para averiguar sobre los secretos que le esconden a su esposo y a su pareja, incluso sus fantasías más comunes y fuertes. Algunas de las respuestas son graciosas, y otras son lamentables.

> Trato de estar enfocada en mi vida y no caer en la fantasía de Hollywood.
>
> JENNIFER CONNELLY
> (ACTRIZ)

1. Todo lo que nos compramos para nosotras —un par de zapatos, una falda, incluso los cosméticos— en realidad cuestan un 20% más de lo que les decimos que cuesta.
2. ¡Realmente pensamos bastante en el sexo… con ustedes!
3. Nos pone tan nerviosa el compromiso igual que a ustedes.
4. Puede que seamos mujeres modernas e independientes, pero seguimos queriendo que ustedes sean "el hombre".
5. Nuestras exparejas no fueron del todo terribles en la cama.
6. Nos asusta llegar a ser como nuestra madre.
7. Queremos que sean celosos; pero solo un poco.
8. Sí, fantaseamos con los hombres seductores del mundo del espectáculo, pero eso no significa que queramos que ustedes sean ellos.
9. Les contamos a nuestras amigas más de lo que admitimos delante de ustedes (pero menos de lo que les pueda preocupar).

10. Realmente notamos y apreciamos todas las tareas que hacen en el hogar.

11. Los amamos con todo nuestro corazón, pero nos da nostalgia saber que nunca volveremos a sentir ese cosquilleo y chispazo del enamoramiento.[1]

Cuando leo esta lista, noto algunos hechos sobresalientes. Las mujeres queremos sentirnos vivas de muchas maneras, y queremos que nuestros hombres entiendan que nuestros deseos (en todo caso, la mayoría de ellos) no son en absoluto una amenaza para ellos. De hecho, muchos de nuestros deseos se enfocan en ellos. Anhelamos una relación más rica, fuerte e íntima con el hombre que amamos. Si ellos lo entendieran, estarían más relajados, se pondrían menos a la defensiva, serían menos desconfiados y nos disfrutarían mucho más. Pero por otra parte, tal vez debamos esmerarnos más en calmar sus temores.

Desde luego que el sexo no es lo único que la mujer desea en la vida, pero es importante; y puede llegar a ser una fantasía incluso más fuerte si nuestra vida sexual no es lo que debería ser. Una encuesta reciente llevada a cabo por *Families.com* descubrió estas estadísticas:

- un 53% admitía tener pensamientos de engaño
- un 34% confesó haber engañado
- un 58% admitió fantasear con hombres que no eran sus esposos, como compañeros de trabajo, repartidores y esposos de otras mujeres
- las tres principales celebridades por las que las mujeres admitieron perder la cabeza fueron George Clooney, Tom Brady y Barack Obama.[2]

Como lo indica esta encuesta, algunas mujeres no se limitan a soñar despiertas que tienen relaciones sexuales con otros hombres, sino que lo llevan a cabo. Y hoy día muchas mujeres están involucradas en lo que solía ser un problema de los hombres: la pornografía. Un artículo publicado en la revista *Today's Christian Women* [Mujeres cristianas de hoy] reveló que el 17% de las mujeres de hoy, incluso mujeres cristianas, lucha con una adicción a la pornografía. Este índice se asemeja a un estudio llevado a cabo por la firma de investigaciones *Zogby International* que daba cuenta de la cantidad de mujeres que cree poder encontrar satisfacción sexual en la Internet. Anteriormente, las mujeres preferían el sexo virtual y el cuarto de charlas virtual más que simples fotografías e historias en la Internet, porque valoran la compañía, pero al poco tiempo comenzaron a hacer uso de ambas cosas. Incurrir en pornografía estimula la química del cerebro, lo cual se asemeja mucho al efecto de la cocaína. La euforia instantánea es adictiva, pero la soledad regresa, y deja a las mujeres con un mayor deseo de estimulación.[3]

Los deseos y los sueños son parte del ser humano. Son fuerzas poderosas que pueden usarse para crear o destruir. Necesitamos tener cuidado y analizar nuestros deseos para que produzcan bien en vez de destrucción en nuestra vida.

## En la misma sintonía

Creo que nos sentimos más realizadas cuando ponemos nuestros deseos en sintonía con Dios y con nuestro esposo. ¿Acaso tiene Dios un sueño para nuestra vida? ¡Desde luego que sí! Él quiere que disfrutemos de Él y de su plan al máximo. Jesús dijo que vino a dar vida en abundancia. No una vida fácil, sino una vida llena de amor y propósito. Dios quiere que nos entreguemos a Él más que a cualquier otra cosa en el mundo. ¿Acaso esta clase de devoción a Dios hace que seamos personas tristes y amargadas? ¡En absoluto! Cuanto más nos acercamos a Él, más le conocemos y más hermoso nos parece. Somos más felices en la vida cuando nuestros deseos están en sintonía con los de Él. El escritor y pastor John Piper a menudo dice: "Dios es más glorificado cuando estamos más satisfechos en Él". Cuando aprendemos a estar completamente satisfechos en Dios y no en los placeres engañosos de nuestra cultura, moldeamos nuestros sueños y podemos cumplirlos.

En su excelente libro *The Call* [El llamado], el autor Os Guinness define nuestro llamado espiritual: "La verdad es que Dios nos llama de manera tan decisiva, que todo lo que somos, todo lo que hacemos y todo lo que tenemos lo dedicamos con especial devoción y dinamismo en respuesta a su invitación y servicio".[4] ¿Dónde encontramos mayor satisfacción? Precisamente en el mismísimo llamado de Dios. ¿Qué llena nuestra vida de felicidad? Caminar cada día con Aquel que nos ama, nos guía y nos usa para tocar las vidas de otros.

También podemos poner nuestros deseos en sintonía con los anhelos más profundos de nuestro esposo. ¡Y sí, no dudes que los tiene! Esta afirmación no implica dejar de tener nuestros propios sueños y deseos. Estar en la misma sintonía es la coordinación de dos almas independientes que encuentran intereses en común en su amor mutuo. Los hombres son tan propensos a desviarse por cualquiera de los dos cauces de los deseos como nosotras. Algunos de ellos tenían grandes esperanzas la primera vez que conocieron a la que sería su esposa; pero años de arduo trabajo y profundas decepciones los han dejado con un sentimiento de vacío y soledad. Igual que muchas mujeres, su meta cada día es sobrevivir y suplir las necesidades de la familia. Pero otros han respondido a las decepciones con la búsqueda de la felicidad en cualquier cosa y en cualquier persona. Puede que se dediquen a pescar o a otro pasatiempo, o a buscar una "falsa intimidad" en la pornografía o el adulterio. Uno de los mayores actos de amor que podemos mostrarle a nuestro esposo es ayudarle tiernamente a redescubrir los sueños que ha tenido ocultos por muchos años.

Conozco a una pareja, que actualmente tiene alrededor de sesenta años, que básicamente coexistía a mediados de sus años de matrimonio. Al principio, ella tenía grandes esperanzas de intimidad y compañía, pero él parecía estar más dedicado a su trabajo que a ella. Cuando ella trataba de hablar con él al respecto, él siempre se ponía a la defensiva y le recordaba que el estilo de vida que llevaban se debía a las largas horas que él pasaba en la fábrica, donde trabajaba como gerente de nivel medio. Sin embargo, hace algunos años, ambos experimentaron un avivamiento espiritual. Y al poco tiempo, comenzaron a hablar de cosas que habían evitado por años. Encontraron afinidad, y su amor se profundizó. Cuando ella se enteró de que tenía cáncer, el amor del uno por el otro se fortaleció. (Ella dijo que se estremece de tan solo pensar en lo que hubiera sido si se hubiera enfermado cuando estaban emocionalmente y espiritualmente distanciados). Hoy día, él está jubilado, y ambos trabajan en el ministerio de atención a los desamparados de su iglesia. "Desearía haber encontrado esta clase de compañía hace algunos años", me dijo con una sonrisa melancólica. "Pero esto es maravilloso. Disfrutamos más que nunca el uno del otro".

## Esperar en Dios

La Biblia nos anima frecuentemente a "esperar en el Señor". Es probable que esto nunca haya sido fácil, pero en nuestra cultura instantánea, es realmente difícil... ¡al menos para mí! Queremos lo que queremos, y lo queremos ahora. Cada aparato electrónico nuevo es diseñado para brindarnos cada vez más información y más rapidez en la comunicación con las personas. La comunicación y la información tecnológica han progresado a un ritmo sorprendente en solo pocos años. Pero Dios no siempre obra de acuerdo a nuestro calendario precipitado. Para Él, esperar es parte del proceso de aprender importantes

> Paciencia es esperar. No esperar pasivamente; eso es pereza. Sino seguir adelante, cuando seguir adelante es difícil y lento; eso es paciencia.

lecciones, que no podemos aprender de otra manera. Exigir una solución instantánea para cada problema y un cumplimiento inmediato de cada deseo nos impide aprender las lecciones que Dios quiere enseñarnos. Necesitamos descubrir que poner nuestros deseos en sintonía con los propósitos de Dios a menudo implica la disciplina de esperar.

Puede que Dios se demore en responder a fin de purificar nuestro corazón, o puede que necesite trabajar en el corazón de otra persona antes de responder. A veces se demora para ver si estamos dispuestas a confiar en Él y aferrarnos a Él sin rendirnos durante la larga espera. Y a veces Él orquesta diversas circunstancias para que el impacto sea más fuerte cuando finalmente veamos su respuesta. Isaías dice: "En cambio, los que confían en el Señor encontrarán nuevas fuerzas; volarán alto, como con alas de águila. Correrán y no se cansarán; caminarán y no desmayarán" (Isaías 40:31).

El pastor Chuck Swindoll dice que esperar es lo que más les cuesta a los creyentes. Creo que tiene razón. Todo en nuestra vida quiere soluciones rápidas. Después de todo, estamos acostumbradas a ver incluso las dificultades relacionales, emocionales o físicas más complejas que se resuelven al final de un programa de televisión o una película. ¡La solución a nuestros problemas no debería tardar más que eso! Sin embargo, Dios usa la espera de manera poderosa y positiva, si confiamos en Él.

Yo he querido soluciones rápidas como todo el mundo, y aunque no es fácil, ahora trato de recordar una lección importante. En vez de enojarme con Dios porque no hace lo que yo quiero que haga rápido, voy a Él y le pregunto: *Señor, ¿de qué se trata esta espera? ¿Acaso quieres enseñarme algo?* Y, por lo general, Él lo hace. Yo necesito escuchar, reflexionar y dar pasos en obediencia a lo que Él me dice. Cada vez aprendo más a esperar, pero me temo que todavía me falte aprender mucho más.

Me encanta la manera en que uno de los salmos describe esperar en el Señor. El escritor nos compara con el centinela que pasa la noche en guardia sobre los muros de la ciudad. Durante la noche, los enemigos pueden acercarse sigilosamente y atacarles. Los centinelas vigilan atentamente, y esperan con ansias que salga el sol para poder ver lo que realmente está pasando. ¿Saldrá el sol? Desde luego. Ellos cuentan con eso. El salmista dice que nosotros podemos tener la misma certeza. Así como los soldados están seguros de que saldrá el sol, nosotros podemos estar seguros de que Dios aparecerá en nuestra situación… cuando sea el momento.

> Yo cuento con el SEÑOR;
> sí, cuento con él;
> en su palabra he puesto mi esperanza.
> Anhelo al Señor
> más que los centinelas el amanecer,
> sí, más de lo que los centinelas anhelan el amanecer.
> Oh Israel, espera en el SEÑOR;
> porque en el SEÑOR hay amor inagotable;
> su redención sobreabunda (Salmos 130:5-7).

Cuando nuestros deseos, los deseos de Dios y los deseos de nuestro esposo están en la misma sintonía, suceden cosas maravillosas. Experimentamos más gozo y amor, y muchos de los conflictos de nuestro corazón y nuestras relaciones se desvanecen. En lugar de desesperación o exigencias, encontramos que la cualidad más atractiva del carácter cristiano es el agradecimiento. Me encanta la breve carta de Pablo a los filipenses. Es una nota de agradecimiento por su generosidad para ayudarle a fundar su ministerio. Cerca del final de su carta, prorrumpe con este sincero consejo:

> Estén siempre llenos de alegría en el Señor. Lo repito, ¡alégrense! Que todo el mundo vea que son considerados en todo lo que hacen. Recuerden que el Señor vuelve pronto. No se preocupen por nada; en cambio, oren por todo. Díganle a Dios lo que necesitan y denle gracias por todo lo que él ha hecho. Así experimentarán la paz de Dios, que supera todo lo que podemos entender. La paz de Dios cuidará su corazón y su mente mientras vivan en Cristo Jesús (Filipenses 4:4-7).

Esas personas no estaban decidiendo qué condominio usar este fin de semana. Vivían en una pequeña colonia romana en la costa de Grecia. Eran personas comunes y corrientes que estaban tratando de caminar con Dios y ejercer influencia en el mundo. Pablo les recordó que la presencia de Dios estaba con ellos todos los días. Con su cuidado y dirección, podían relajarse, dar gracias y confiar en que Él los guiaría cuando oraran. El resultado sería un asombroso sentimiento de la paz de Dios; exactamente lo opuesto a la desesperanza o las exigencias.

¿Están tus deseos, los deseos de Dios y los deseos de tu esposo en la misma sintonía? ¡La mayoría debería ocuparse un poco más de eso! A medida que maduramos en nuestra vida cristiana, le abrimos nuestro corazón a Dios para que nos transforme a fondo. La luz de su gracia llega hasta nuestros deseos más profundos, aviva los que son nobles y puros, y transforma los que no lo son. Este proceso toma tiempo y energía, pero si confiamos en el Espíritu de Dios, Él hará una obra maravillosa en nuestra vida.

## *¡Habla con tu esposo!*

Lo mejor que podemos hacer algunas mujeres es dejar de hablar con nuestro esposo de nuestros deseos. ¡Ya hemos hablado demasiado!

Ellos se sienten como si les exigiéramos la luna, y nuestra insistencia les ha hecho sentirse ineptos y solos. Pero otras mujeres hace años que no le expresan un deseo a su esposo. No han querido dar lugar a un conflicto, y están seguras de que él se disgustaría si le expresaran la más mínima de sus preferencias aunque fuera sin pretensiones. Primero, debemos evaluar nuestro corazón y nuestra manera de comunicarnos: ¿Cuáles son nuestros deseos más profundos, y cómo se los estamos comunicando? ¿Tenemos tendencia a ir hacia uno de los dos extremos de ser exigente o estar adormecida emocionalmente?

Además, antes de pensar de qué hablar con nuestro esposo, puede que necesitemos hablar con Dios de cuán en sintonía están nuestros deseos con sus propósitos para nuestra vida. Algunas mujeres (o, tal vez, *todas*) necesitamos hacer algunos ajustes. Fíjate en las Escrituras; ¿cuáles son las cosas que conmueven a Dios? ¿Cuáles son las cosas que le rompen el corazón? Cuando respondamos estas preguntas, entonces podemos preguntarnos cuánto nos conmueven a nosotras esas cosas y nos rompen el corazón también.

Después de hacernos un exhaustivo autoanálisis y sumarle nuestra confesión y arrepentimiento, podremos pensar qué le podemos decir a nuestro esposo. Yo sugiero considerar estos elementos:

1. "Estoy aprendiendo a ajustar mis deseos al sueño de Dios para mi vida. Esto es lo que estoy aprendiendo, y estos son algunos cambios que necesito hacer". Describe el proceso que has atravesado para llegar a esta revelación sobre tu vida.
2. Si has sido exigente o indiferente con respecto a los deseos de tu esposo, dile que lo lamentas. Y dilo en serio.
3. Invita a tu esposo a que te cuente sus deseos. Puede que los tenga tan escondidos que ni sepa que están ahí, pero podrían ser tan nuevos como las esperanzas y las decepciones de esta mañana.
4. Cuéntale cuál es tu idea en lo referente a estar en sintonía con Dios y con él. No necesitas tener todas las respuestas en ese momento. Tan solo explícale que estás en el proceso de comprender estas cosas, y permítele

participar en la conversación. Si no se te ocurre en el momento un sueño compartido, no te desesperes. Descubrir una visión de igual importancia para ambos es parte de la aventura de la relación.

5. Hagan el compromiso de seguir hablando de tus sueños, sus sueños y los sueños de ambos. Que esta no sea una sola conversación. Recuerda que Dios nos hizo para ser soñadores y estar llenos de esperanza y energía para intentar cosas creativas, y la relación es más gratificante cuando los cónyuges pueden buscar juntos intereses en común.

Cuando descubramos nuestros propios deseos y confiemos en que Dios nos ayudará a ajustar nuestros sueños a los sueños que Él tiene para nuestra vida, iremos rumbo a la verdadera gratificación. Estaremos genuinamente interesadas en los más profundos sueños de nuestro esposo, y tal vez podamos encontrar algo que nos entusiasme hacer juntos.

## *En la Palabra: Aplicación práctica*

Todos conocemos *Disney World* y el lema de su organización: "Donde los sueños se hacen realidad". Hemos escuchado cantar a Jiminy Cricket [Pepito Grillo]: "*When You Wish upon a Star*" [Cuando pides un deseo]. ¿No sería hermoso si cada deseo realmente se hiciera realidad? (De hecho, si alguna vez has estado en *Disney World* con un niño, ¡podrías dar fe de que la canción dice la verdad!).

Como hemos visto en este capítulo, todas las mujeres tienen deseos, sueños y anhelos. Sin embargo, surgen problemas cuando esos deseos llegan a ser el fundamento de un mundo de fantasía en el cual decides vivir. En esta sección, quiero enfocarme en cómo hacer que tus deseos, sueños y anhelos estén en sintonía con la visión de Dios para tu vida.

### Las heridas y los sueños

Lee con atención los siguientes versículos de los Salmos:

- "El Señor oye a los suyos cuando claman a él por ayuda; los rescata de todas sus dificultades. El Señor está cerca de los que tienen quebrantado el corazón; él rescata a los de espíritu destrozado. La persona íntegra enfrenta muchas dificultades, pero el Señor llega al rescate en cada ocasión. Pues el Señor protege los huesos de los justos; ¡ni uno solo es quebrado!" (Salmos 34:17-20).

- "Él sana a los de corazón quebrantado y les venda las heridas" (Salmos 147:3).
- "'¿Qué ganarás si me muero, si me hundo en la tumba? ¿Acaso podrá mi polvo alabarte? ¿Podrá hablar de tu fidelidad? Escúchame, Señor, y ten misericordia de mí; ayúdame, oh Señor'. Tú cambiaste mi duelo en alegre danza; me quitaste la ropa de luto y me vestiste de alegría, para que yo te cante alabanzas y no me quede callado. Oh Señor, mi Dios, ¡por siempre te daré gracias!" (Salmos 30:9-12).

Probablemente hayas escuchado a la gente decir que siempre tienes una opción cuando estás herida. Puedes convertirte en una persona amargada o en una mejor persona. Cuando estás herida, la respuesta natural es levantar un muro alrededor de tu corazón y de tus emociones y prometer que nunca volverás a experimentar esa clase de dolor. Tu corazón comienza a llenarse de depresión y amargura y comienzas a transitar un camino de aislamiento y destrucción. David vio claramente su predisposición humana a transitar este camino cuando reconoció: "¿Qué ganarás si me muero, si me hundo en la tumba?".

No ganas nada cuando albergas amargura en tu corazón. De hecho, *tú* eres la única que sufres cuando te llenas de amargura. La amargura distorsionará tu visión del sueño de Dios para tu vida, lo cual hará que dudes de la provisión de Dios y desalentará tu búsqueda de la verdad. Te impedirá experimentar el gozo y la satisfacción en las relaciones que más aprecias en la vida. ¡Las heridas sin sanar casi siempre conducen a un espíritu amargado!

## El mundo de fantasía

En una parte de este capítulo mencionamos algunas de las fantasías que muchas mujeres tienen. Algunas son divertidas e inofensivas.

Otras son más serias y podrían fácilmente producir resultados inmorales. Para guardarnos de poner en acción las fantasías pecaminosas, primero debemos reconocer la batalla que se está librando en el reino espiritual por controlar nuestros pensamientos. En una de sus cartas más personales, Pablo escribe esto a la iglesia en Corinto:

> Somos humanos, pero no luchamos como lo hacen los humanos. Usamos las armas poderosas de Dios, no las del mundo, para derribar las fortalezas del razonamiento humano y para destruir argumentos falsos. Destruimos todo obstáculo de arrogancia que impide que la gente conozca a Dios. Capturamos los pensamientos rebeldes y enseñamos a las personas a obedecer a Cristo (2 Corintios 10:3-5).

Pablo habla también de esta misma guerra espiritual en su carta a la iglesia en Éfeso: "Pues no luchamos contra enemigos de carne y hueso, sino contra gobernadores malignos y autoridades del mundo invisible, contra fuerzas poderosas de este mundo tenebroso y contra espíritus malignos de los lugares celestiales" (Efesios 6:12).

Nuestro enemigo es Satanás. Primera de Pedro 5:8 dice: "¡Estén alerta! Cuídense de su gran enemigo, el diablo, porque anda al acecho como un león rugiente, buscando a quién devorar". No hay nada que él desee más que destruir tu vida y la vida de aquellos que amas. Debes guardar tu mente y tus fantasías en todo momento.

## En la misma sintonía

"Y ahora, amados hermanos, una cosa más para terminar. Concéntrense en todo lo que es verdadero, todo lo honorable, todo lo justo, todo lo puro, todo lo bello y todo lo admirable. Piensen en cosas excelentes y dignas de alabanza" (Filipenses 4:8). No puedes controlar los pensamientos y fantasías que aparecen en tu mente, pero puedes controlar el hecho de que permanezcan en tu mente. Como vimos en este capítulo, eres más feliz en la vida cuando tus deseos están en sintonía con los deseos de Dios para tu vida.

Puede que estés pensando: *Está bien, Julie, ¿cómo hago para estar en sintonía con la voluntad de Dios?* Uno de mis pasajes favoritos de la Biblia se encuentra en el libro de Proverbios:

Confía en el Señor con todo tu corazón, no dependas de tu propio entendimiento. Busca su voluntad en todo lo que hagas, y él te mostrará cuál camino tomar. No te dejes impresionar por tu propia sabiduría. En cambio, teme al Señor y aléjate del mal. Entonces dará salud a tu cuerpo y fortaleza a tus huesos (Proverbios 3:5-8).

Como puedes ver, no se trata de ti, sino de Dios y de confiar en Él. Estar en sintonía con Dios implica leer, estudiar, meditar y memorizar su Palabra diariamente. Se trata de orar y pedir sabiduría y dirección. "Si necesitan sabiduría, pídansela a nuestro generoso Dios, y él se la dará; no los reprenderá por pedirla" (Santiago 1:5).

Cuando estás en sintonía con Dios y su voluntad para tu vida, ves las cosas con claridad. Eres cada vez más semejante a Él en tus acciones diarias y tus reacciones a las circunstancias que te rodean. Él no ha prometido que la vida será fácil o que no tendrás problemas, pero ha prometido estar contigo.

## Esperar en el Señor

Veamos qué dice la Biblia sobre esperar en Dios:

- "¿Acaso nunca han oído? ¿Nunca han entendido? El Señor es el Dios eterno, el Creador de toda la tierra. Él nunca se debilita ni se cansa; nadie puede medir la profundidad de su entendimiento. Él da poder a los indefensos y fortaleza a los débiles. Hasta los jóvenes se debilitan y se cansan, y los hombres jóvenes caen exhaustos. En cambio, los que confían en el Señor encontrarán nuevas fuerzas; volarán alto, como con alas de águila. Correrán y no se cansarán; caminarán y no desmayarán" (Isaías 40:28-31).
- "Que todo mi ser espere en silencio delante de Dios, porque en él está mi esperanza" (Salmos 62:5).

- "Nosotros ponemos nuestra esperanza en el Señor; él es nuestra ayuda y nuestro escudo" (Salmos 33:20).
- "Con paciencia esperé que el Señor me ayudara, y él se fijó en mí y oyó mi clamor. Me sacó del foso de desesperación, del lodo y del fango. Puso mis pies sobre suelo firme y a medida que yo caminaba, me estabilizó. Me dio un canto nuevo para entonar, un himno de alabanza a nuestro Dios. Muchos verán lo que él hizo y quedarán asombrados; pondrán su confianza en el Señor" (Salmos 40:1-3).

El otoño es una de mis estaciones favoritas. Yo vivo al pie de las montañas Blue Ridge en Virginia, y los bellos colores de las hojas que hay por todos lados me maravillan año tras año. En nuestra vida también hay estaciones: una estación de gozo cuando nace un bebé, una estación de dolor cuando fallece un ser amado. "Hay una temporada para todo, un tiempo para cada actividad bajo el cielo (Eclesiastés 3:1). La voluntad de Dios se revela a través de las estaciones en la vida de una persona.

La vida de Ester es un ejemplo perfecto. Una joven muchacha con sus propios planes, de repente se encuentra en el palacio del rey, para prepararse a fin de ser presentada como un posible reemplazo de la ex reina que había sido expulsada de la realeza. Cuando Ester es elegida para ser reina, no puede hacer más que preguntarse qué propósito tenía Dios para su vida. Me encanta la respuesta de Mardoqueo a Ester cuando ella le habla de su confusión: "Si te quedas callada en un momento como este, el alivio y la liberación para los judíos surgirán de algún otro lado, pero tú y tus parientes morirán. ¿Quién sabe si no llegaste a ser reina precisamente para un momento como este?" (Ester 4:14). ¡Tremendo!

A medida que se desarrolla la historia, vemos que como resultado del valor de Ester, su pueblo se salvó. Ester había cuestionado su posición. Le había costado entender la voluntad de Dios. Sin embargo, se mantuvo firme y creyó que Dios era soberano.

Aprende a confiar en Dios y espera su tiempo perfecto. Su tiempo nunca es instantáneo. Siempre incluye un periodo de preparación y enseñanza. Seguirlo es un viaje de toda la vida lleno de experiencias, tanto felices como tristes, para cumplir el plan que Él tiene para cada una de nosotras. ¡Y vale la pena esperar su plan para nuestra vida, porque es más grande de lo que jamás podríamos imaginar!

## Preguntas para la reflexión

1. ¿Te has desanimado alguna vez porque la relación matrimonial o de pareja que soñaste cuando eras una niña difiere de tu situación actual? ¿Te has tomado tiempo para analizar las diferencias a la luz de la Palabra de Dios?

2. ¿Luchas con tus pensamientos? ¿Te cuesta controlar tus deseos impuros y fantasías? Si esas fantasías se cumplieran y se hicieran realidad, ¿cómo influiría en tu relación matrimonial o de pareja?

3. ¿Qué decisiones puedes tomar hoy para situarte en contra de Satanás en la batalla por tu mente? ¿Cómo puedes comenzar a estar en sintonía con Dios y sus deseos para tu vida y tu relación matrimonial o de pareja?

*Habla con tu esposo de...*

# 9 Cómo te sientes con el estilo diferente de criar a los hijos

*El corazón del muchacho está lleno de necedad,
pero la disciplina física la alejará de él.*

PROVERBIOS 22:15

MI HIJA, MEGAN, NECESITA RECIBIR AFIRMACIÓN. Ella se siente amada con un simple mensaje de texto que diga "te amo" o una llamada telefónica de Tim o mía cuando uno de los dos está fuera de la ciudad. Zach, por otro lado, prefiere los abrazos. Le gusta el contacto físico. Disfruta cuando juega a la lucha con Tim o se acurruca en el sillón conmigo. Le encanta, y necesita tiempo y demostraciones de afecto. Tim y yo aprendimos que Megan y Zach tienen diferentes maneras de dar y recibir amor. También nos dimos cuenta de que necesitábamos adaptar nuestra estrategia de crianza según cada uno de nuestros hijos para que no dejasen de sentirse amados por la manera en que los disciplinamos.

Consejeros, pastores y otras personas, que generalmente hablan con padres, saben que la diferencia de estilo en la crianza de los hijos es una gran causa de conflicto en el matrimonio. Un padre es demasiado duro; el otro demasiado blando. Uno es demasiado distante; el otro es demasiado agobiante. Las opiniones y percepciones de los padres para la crianza de sus hijos no surgieron de la nada; sino que las fueron adquiriendo día a día cuando eran niños. Y con todo lo que adquirieron de su propia experiencia, ¡cada padre se siente seguro de que tiene la razón! Con perspectivas tan divergentes sobre un asunto tan importante, los desacuerdos pueden agravarse hasta llegar a convertirse en una guerra total.

Cintia y Roberto tenían una relación maravillosa y romántica cuando eran novios, y cuando ella quedó embarazada en su tercer año de matrimonio, ambos esperaban que su fantástica relación fuera aún mejor. Pero algunas semanas después que trajeran a Astrid del hospital, comenzó a aparecer una grieta. Como la mayoría de los bebés, Astrid no dormía toda la noche. La madre de Cintia le daba consejos de cómo hacer que el bebé durmiera, y la mamá de Roberto le hacía exactamente la sugerencia opuesta. La combinación de agotamiento, desacuerdo y presión parental (o al menos lealtad a la perspectiva de cada una) ¡terminó por transformar un disgusto sin importancia en un cataclismo!

La tensión entre la infeliz pareja duró varios meses, y luego disminuyó un poco cuando Astrid finalmente comenzó a dormir seis o siete horas por noche. Pero las diferencias en el estilo de crianza no se esfumaron con el sueño del bebé. A medida que pasaban los años y llegaron otros dos niños a la familia, las diferencias de la pareja se convirtieron en causas de constante conflicto.

Cuando los niños ya iban a la escuela primaria y secundaria, los muros entre Cintia y Roberto habían hecho proliferar la incomunicación entre ellos, y usaban las implacables armas de la crítica, el acoso y la culpa cada vez que uno de los niños tenía un problema. Roberto acusaba a Cintia de ser demasiado condescendiente con los niños, al sacarlos de cada apuro y no dejar que aprendieran de sus errores. Cintia decía que eso era amor, y se ponía furiosa por la falta de compasión y sensibilidad de Roberto ante las dificultades de sus hijos. Cuanta más despreocupación percibía en él, más atención les prestaba ella para ir al rescate de sus hijos y cubrir la falta de demostraciones de afecto de Roberto. Y cuanto más ella los sacaba de apuros y les prodigaba excesiva atención, más se abstraía Roberto y exigía que los niños, especialmente los varones, desarrollaran un poco de tenacidad.

La guerra verbal y emocional entre Roberto y Cintia no pasó desapercibida por sus padres ni por sus hijos. Sus padres se pronunciaban a favor de uno o del otro para defenderlos contra la conducta "irracional" y "destructiva" del otro cónyuge, y los niños manipulaban a sus padres a su antojo. Habían aprendido que podían conseguir lo que quisieran de su madre al quejarse de la falta de amor y excesiva dureza y exigencia de su padre hacia ellos.

Esta familia era un desastre… un desastre que se manifiesta de diferentes maneras en numerosas familias de toda la nación. Puede que los problemas sean de diferente tipo y estilo, pero sin llegar a una afinidad de entendimiento, las parejas experimentarán conflictos por uno de los asuntos más importantes de sus vidas.

## Las diferencias no son malas

Cuando éramos novios, nuestras diferencias eran lo que nos atraía uno hacia el otro. Sin embargo, en algún momento de la relación matrimonial muchos cónyuges comienzan a despreciar las diferencias que solían admirar. Las perspectivas, los valores y los estilos de crianza opuestos pueden provocar exabruptos de enojo y producir dolor y distanciamiento. Por otro lado, también pueden dar origen a una extraordinaria energía creativa. En muchos sentidos son como una fuerza nuclear; una fuerza puede producir resultados muy diferentes. La clave para transformar este poder en una fuerza creativa positiva es el entendimiento.

> Un bebé hará que el amor sea más fuerte, los días más cortos, las noches más largas, la cuenta bancaria más pequeña, el hogar más feliz, la ropa más arrugada, el pasado olvidado y el futuro digno de ser vivido.

El psicólogo David Olson observó la dinámica familiar y desarrolló un modelo de creencias y conductas que combina opuestos en una integración equilibrada.[1] Él sostiene que el objetivo de las relaciones familiares no es que todos estén de acuerdo y tengan el mismo punto de vista sobre todo; sino que se entiendan el uno al otro, acepten sus diferencias y encuentren un equilibrio entre puntos de vista opuestos. Olson usa la metáfora de la práctica del esquí para describir cómo una familia puede encontrar equilibrio y funcionar adecuadamente:

> Un esquiador profesional cambia suavemente su peso de una pierna a la otra, mientras el esquiador novato tiende a acentuar una pierna o la otra. En las familias equilibradas, cada uno puede moverse de una manera más fluida... mientras que los sistemas desequilibrados tienden a aferrarse a un extremo o el otro y tienen dificultades para avanzar.[2]

Despreciar las diferencias acentúa el desequilibrio, pero el entendimiento y la aceptación pueden redundar en relaciones familiares mucho más saludables, especialmente en la crianza de nuestros hijos. Dos factores que los miembros de la familia deben considerar cuando tratan de entender y equilibrar sus diferencias son la cohesión emocional y la adaptabilidad para tomar decisiones.

### Cohesión emocional

Cada relación importante necesita valorar ambos extremos de la cohesión emocional: el tipo de familia separada y el de familia unida. Los integrantes de una familia tienen su propia identidad, y metas, deseos, intereses y habilidades personales que difieren de las de los otros. Pero toda la familia también comparte una identidad

> Felicita a tus hijos públicamente, repréndelos en privado.
> W. Cecil

particular como una integración cohesiva. Los extremos de esta clasificación, que Roberto y Cintia experimentaron excesivamente, son el tipo de familia desligada y aglutinada. Roberto se volvió tan distante y desvinculado que llegó a ser un extraño en su propia casa. Y el estilo más sofocante de crianza de Cintia le hizo perder su rol como figura de autoridad, que equilibra el amor con las expectativas realistas de obediencia mientras ayuda a sus hijos a madurar.

A veces está muy bien estar solo, y otras veces es importante interactuar. Las familias pueden encontrar un equilibrio en esta área cuando prestan atención a varios factores. Por ejemplo, la personalidad juega un rol. Los introvertidos se fortalecen y disfrutan del tiempo a solas. Pueden disfrutar breves invasiones al mundo de la interacción, pero demasiado tiempo con personas les agota. Por otro lado, los extrovertidos se preguntan por qué los miembros "solitarios" de su familia no quieren interactuar más. Si no entienden la diferencia que la personalidad juega en las preferencias relacionales, pueden fácilmente manifestar desaprobación o condenación en vez de aceptación.

Las etapas de la vida también son factores importantes a considerar cuando se busca un método equilibrado para la cohesión emocional. Por ejemplo, la adolescencia es un tiempo para que los niños se conviertan en jóvenes adultos independientes. En esos años cruciales, su cometido es alejarse y forjar su propia identidad. Los padres que insisten en que sus adolescentes sigan estando estrechamente ligados a ellos —que los busquen para cada respuesta y opten siempre por salir a pasear con mamá y papá— provocan una tremenda tensión en la vida de sus adolescentes. Esta es una fórmula que incita al enojo y posiblemente desencadene un desastre.

Cuando entendemos que nuestras preferencias personales y las etapas de la vida influencian nuestra manera de relacionarnos el uno con el otro, buscamos la manera de encontrar un equilibrio entre el tipo de familia separada y de familia unida… para cada miembro y para toda la familia. Ya no exigimos que acepten nuestra limitada percepción de cómo deberían ser las cosas. Y cuando toda la familia logra entender esta dinámica, podemos hablar con más sinceridad sobre nuestros deseos y necesidades en esta área.

### Flexibilidad

La manera distintiva en que cada persona sostiene sus valores también es un factor a considerar cuando se busca el equilibrio en el hogar. Algunos tienen una perspectiva muy rigurosa de lo que está bien y lo que está mal, ¡y están dispuestos a dar la vida por su causa! Cuando nuestra pareja ve las mismas cosas con una perspectiva diferente y no acepta que nuestra decisión sea la única que puede tomar una persona cuerda, surgen problemas. Muchas parejas ven las cosas de la vida de diferentes maneras: con una mente cerrada o más bien abierta, negro y blanco o gris. Si insisten en que las cosas son como ellos dicen, levantan muros para defender su perspectiva y sacan las armas para hostigar al otro y hacer que se sujete. Algunos asuntos (probablemente menos de lo que admiten los estrictos, pero tal

> Quienquiera que lo haya dicho primero lo dijo con conocimiento y sabiduría: Tus hijos no te pertenecen, solo son prestados.
> ANNE LINN

vez más de lo que creen los flexibles) son claros como el agua. Sin embargo, muchos pueden ser un poco ambiguos. Y seguramente, la manera de implementar aun las decisiones más claras puede tomar diferentes rumbos.

¿Qué se te está cruzando por la cabeza en este momento? Si te ofende mi afirmación de que no todo es blanco y negro, ni tan absoluto, probablemente estés demasiado inclinada hacia esa dirección. O si te indigna pensar en tu esposo estricto y exigente, puede que tengas la perspectiva permisiva de la vida. La cuestión es esta: aprende a valorar la otra perspectiva. ¡Será difícil, pero no te morirás por eso!

Factores en cuanto a la forma de vivir pueden verse con una mente cerrada o más bien abierta. Cuándo comer, qué comer, qué hacer el sábado, cómo vestirte para ir a la iglesia y un millón de otras decisiones pueden llegar a ser motivos de entendimiento o causas de conflicto entre las parejas. En ninguna otra parte vemos la cuestión de la rigidez y la flexibilidad más claramente que en el estilo de criar a los hijos.

Katia creció en un hogar estricto, y no puede soportar que nadie la encasille. Para ella, nada es sagrado, y todo puede cambiar. Su esposo, Santiago, también tuvo padres muy estrictos, pero él valora la estabilidad que eso produjo en él y sus hermanos. A él le gusta el orden y las expectativas claras. Poco después de su día de boda, sus diferencias llegaron a ser un motivo de tensión. Ella exigía las cosas a su manera y defendía su posición como si fuera la única forma aceptable y correcta de vivir. Él hacía lo mismo. Como puedes imaginar, Katia y Santiago han tenido problemas terribles en la crianza de sus dos hijos. Cada decisión se convertía en una lucha de poderes entre los padres, y los niños a menudo estaban confundidos. Claro está que los malentendidos y las exigencias en esta área produjeron un desequilibrio en la cohesión emocional de la familia. Uno de los varones se inclinaba hacia la madre, y el otro hacia el padre. ¡Ahora el ejército estaba reclutando soldados!

## Buscar afinidad

Cuando no entendemos la necesidad de equilibrar los polos opuestos de la cohesión emocional y la flexibilidad en el matrimonio, el conflicto es inevitable. La crianza de los hijos es solo uno de los puntos contenciosos sobre los cuales la pareja discute. En su investigación, el Dr. Olson descubrió que en realidad uno de los polos es facilitador del otro si ambos se valoran. Por ejemplo, cuando alguien se siente solo, anhela estar unido, y cuando una familia tiene un horario demasiado estricto, dejar de lado el horario por un día y hacer algo creativo le aporta un sentido de aventura a la relación.

> Lo más importante que un padre puede hacer por sus hijos es amar a su madre, y lo más importante que una madre puede hacer por sus hijos es amar a su padre.

Sin embargo, no entender que las diferencias son buenas y que encontrar un equilibrio trae felicidad a la relación opera en contra del amor, la diversión y una profunda valoración del uno por el otro. Hasta las familias con los peores conflictos pueden encontrar afinidad si están dispuestas a ver las cosas desde la perspectiva del otro. Entonces, las áreas que una vez causaban problemas pueden llegar a ser trampolines hacia el amor y la confianza.

¿Cuáles son algunas cosas que se sufren cuando las parejas no encuentran el equilibrio en la cohesión emocional y la flexibilidad? Pelean por cosas como las siguientes:

- el rol de cada uno como padre o madre
- el rol de sus propios padres al darles consejo, solucionar los problemas y desarrollar expectativas

- quién disciplina a los hijos
- cómo llevar a cabo la disciplina
- los roles en los quehaceres del hogar, especialmente en las diferentes etapas del desarrollo de los niños
- cómo responder cuando un niño se queja y exige las cosas a su manera
- el horario para las comidas, la tarea de la escuela, jugar y todo lo demás
- cuánto presionar a los niños para que se superen, y cuándo ceder

En un estudio de estilos de crianza, John Gottman identificó cuatro tipos distintos de padres. Cada uno de ellos se relaciona de una forma distintiva con la cohesión emocional y la flexibilidad.[3]

*1. Padres desdeñosos.* Estos padres están demasiado inmersos en su propio mundo de problemas y oportunidades para preocuparse por la salud emocional de sus hijos. Hacen ver que se interesan por las emociones de sus hijos, pero en realidad prefieren que no los molesten. Puede que vean las necesidades emocionales de sus hijos como amenazas o exigencias, de modo que les

> Los hijos necesitan amor, especialmente cuando no se lo merecen.

hacen poco caso ("Ni sabe por qué está enojado; ya se calmará") o les restan importancia ("Su temor no es para tanto; ya se le pasará").

*2. Padres desaprobadores.* La condena y la crítica son fuerzas poderosas que algunos padres usan para controlar el comportamiento de sus hijos. Estos padres solo permiten las emociones agradables en sus hijos, y controlan severamente cualquier indicio de una emoción desagradable. Algunos niños aprenden a hacerle poco caso al enojo de desaprobación de sus padres, pero una amplia mayoría de niños experimenta heridas profundas por las palabras negativas y la mirada en el rostro de sus padres.

*3. Padres permisivos.* Algunos padres creen que deberían permitir que sus hijos expresen cualquier emoción en cualquier momento; pero les dan poca, o ninguna, instrucción sobre cómo procesarlas. No es que sean apáticos emocionalmente; se preocupan mucho, pero creen en el desarrollo personal de sus hijos: "Déjalo ser".

*4. Padres capacitadores emocionales.* Los padres más eficaces son los que capacitan, sin dominar ni controlar la vida emocional de sus hijos. Estos padres valoran toda la gama de sentimientos y ayudan a sus hijos a aprender lecciones importantes de cada uno. Los padres que son capacitadores emocionales aprueban las emociones de sus hijos y nunca les dicen cómo *deberían* sentirse. A medida que los niños maduran, estos padres les van dando mayor responsabilidad según la edad y la etapa de cada uno.

> Tus hijos serán como tú, por eso trata de ser lo que deseas que ellos sean.
>
> DAVID BLY

De esta manera, los hijos crecen en confianza y se transforman en jóvenes adultos saludables que aceptan la responsabilidad de sus sentimientos y su conducta. Durante toda la vida de los hijos, los padres son los que más los animan. Cuando los hijos llegan a la edad adulta, los padres y los hijos se relacionan mutuamente como iguales amados y respetados, ya no como padres e hijos.

Nuestro objetivo no es encontrar un equilibrio de estos estilos de padres. Todos queremos ser padres capacitadores emocionales. Necesitamos reconocer nuestro comportamiento actual y el ejemplo que nuestros padres nos dieron. Y a partir de esto, necesitamos desarrollarnos y ser buenos capacitadores sabios y amorosos para nuestros hijos. Esta es la clave para la salud emocional y relacional de nuestros hijos. Y la forma en que ellos nos ven es a menudo la forma en que aprenden a ver a Dios.

Podemos tener afinidad con nuestro esposo cuando genuinamente entendemos nuestra diferente manera de pensar en la cohesión y la flexibilidad y valoramos el punto de vista de cada uno. Cuando insistimos en que nosotras tenemos razón y que nuestro esposo está equivocado, seguimos peleando en vez de ser compañeros en la crianza de nuestros hijos.

Tim y yo hemos aprendido por las malas a ser amigos y trabajar juntos para encontrar una solución común en la crianza de nuestros hijos, en vez de ser adversarios y defender nuestra propia postura. Esto nos ha servido de mucho. En los primeros capítulos de Proverbios, Salomón dice que es muy importante buscar la sabiduría. De eso se trata este capítulo. Buscar la sabiduría de todo corazón es esencial para nosotras como esposas y como madres. La sabiduría de Dios abre la puerta no solo para conocerlo mejor, sino también para tener relaciones saludables.

> Adquiere sabiduría, desarrolla buen juicio.
> No te olvides de mis palabras ni te alejes de ellas.
> No des la espalda a la sabiduría, pues ella te protegerá;
> ámala, y ella te guardará.
> ¡Adquirir sabiduría es lo más sabio que puedes hacer!
> Y en todo lo demás que hagas, desarrolla buen juicio.
> Si valoras la sabiduría, ella te engrandecerá.
> Abrázala, y te honrará.
> Te pondrá una hermosa guirnalda de flores sobre la
> cabeza;
> te entregará una preciosa corona (Proverbios 4:5-9).

Recuerda que no estás sola en tu esfuerzo por entender a tu esposo y ayudarle a entenderte a ti. El Espíritu de Dios te guiará y te fortalecerá, y te dará sabiduría para cada paso que des.

---

Tener una familia feliz requiere mucho tanto de parte de los padres como de los hijos. Cada miembro de la familia tiene que ser, especialmente, siervo de los otros.

PAPA JUAN PABLO II

---

## ¡Habla con tu esposo!

Antes de hablar con tu esposo sobre sus diferencias a la hora de criar a los hijos, toma un tiempo para pensar y orar por la necesidad de encontrar el equilibrio entre los dos diferentes polos en la cohesión y la flexibilidad. Hazte estas preguntas:

1. ¿Tiendes hacia la estructura de la familia separada o unida en la cohesión emocional?
2. ¿Qué tendencia parece preferir tu esposo?
3. ¿Cuán flexible eres tú al decidir tus valores y tu forma de vida?
4. ¿Cuán flexible es tu esposo en este aspecto?
5. ¿Cuáles son los beneficios de tu punto de vista en este aspecto?
6. ¿Cuáles son los beneficios del punto de vista de tu esposo? (Esto es difícil, pero es una cuestión importante a considerar).

Termina con la idea de que tu perspectiva es correcta y la de él es equivocada. Otro estudio realizado por el Dr. Gottman muestra que los matrimonios exitosos no están edificados sobre el acuerdo mutuo en todo, sino sobre las cualidades de la amistad y el respeto mutuo. Las parejas que tienen diferentes trasfondos, diferentes valores y diferentes formas de vida, aun así pueden tener un matrimonio fuerte y seguro si aprenden a valorarse uno al otro. La crianza de los hijos es un reflejo de la relación entre los padres. Si uno es débil, el otro sufrirá, pero si la relación está basada en la amistad y el respeto, encontrarán la manera de ser buenos padres en la crianza de sus hijos.[4]

La escritora y consejera Virginia Satir comentó una vez que no necesitamos ser padres perfectos para criar buenos hijos, sino padres "bastante buenos". En otras palabras, no tenemos que mortificarnos si fallamos de vez en cuando. Sin embargo, nuestros hijos necesitan que sus padres encuentren equilibrio y afinidad sobre los asuntos más importantes de la vida. No, no estoy hablando de asuntos y programas individuales. Estoy hablando de la visión general de amarnos el uno al otro a pesar de nuestras diferencias, afirmarnos el uno al otro y ver el punto de vista del otro aunque no estemos de acuerdo. El amor cubre multitud de pecados en cada relación, incluso en el matrimonio y la crianza de los hijos.

Ver las ventajas de la perspectiva de nuestro esposo no es fácil, especialmente si hemos defendido con firmeza nuestra perspectiva por muchos años. Si te ha costado valorar el otro polo, no te desalientes. Pídele a Dios que te dé sabiduría y te ayude, y habla con alguien que te ayude a ver la vida desde otra perspectiva.

Aunque reconozcas la validez del otro polo, probablemente no lo aceptes fácilmente como propio. No estoy sugiriendo eso. Tú necesitas tener tus propias creencias y preferencias, pero también puedes apreciar el hecho de que la perspectiva de tu esposo tenga algunas cualidades beneficiosas. Tu objetivo no es ceder, sino encontrar un equilibrio. A medida que progresen juntos como padres (y en cada uno de los demás aspectos de la vida), dirán cosas como estas: "La verdad es que tu método funcionó mejor en este caso". Algunas experiencias como esta pueden preparar el camino para una relación maravillosa y renovada.

Si has sido crítica en la manera de pensar de tu esposo sobre la cohesión y la flexibilidad, pídele a Dios que te perdone y luego pídele a tu esposo que te perdone también. Dile que quieres ser su compañera y no su adversaria en la crianza de tus hijos. Explícale lo que has estado aprendiendo sobre la necesidad de encontrar un equilibrio en el estilo de crianza. Dile algunas cosas específicas que estás aprendiendo a valorar sobre su perspectiva con respecto a estos asuntos, y explícale que te has comprometido a dejar de ser exigente o de estar a la defensiva cuando no estás de acuerdo con él.

Hablar sobre la necesidad de equilibrar las diferencias que tienes con tu esposo es solo la primera de muchas de las charlas más enriquecedoras y significativas de toda la vida; pero en los primeros pasos del proceso, prepárate para algunos momentos difíciles. Cuando derribas las paredes y destruyes las armas que has estado usando durante mucho tiempo, tienes que reedificar la confianza que se ha perdido o dañado por el conflicto. ¿Vale la pena el esfuerzo? ¡Claro que sí, seguro que sí! El amor de ambos se fortalecerá cuando se comprendan y se valoren mutuamente.

Y cuando cambian de actitud y se transforman en compañeros, ¡puede que sus hijos no sepan qué hacer con ese cambio! Necesitarán un tiempo para acostumbrarse. Probablemente los hayan usado a uno en contra del otro, y si son más grandes, puede que hayan llegado a ser expertos en eso. Habla con ellos de manera franca y sincera y muéstrate en un frente unido con tu esposo. Dales tiempo y espacio para que asimilen el cambio. Todos se beneficiarán de la nueva atmósfera de comprensión, compañerismo y amor.

## En la Palabra: Aplicación práctica

Me maravilla que la crianza de los hijos pueda ser no solo una de las tareas más difíciles sobre la tierra, sino también la mayor bendición que Dios pueda darles a un hombre y una mujer. Los dos títulos más importantes que tengo son: "Señora de Clinton" y "mamá de Megan y Zach". Soy una mujer bendecida. Moisés, el escritor humano de Génesis, declara esta bendición cuando dice: "Luego Dios los bendijo con las siguientes palabras: 'Sean fructíferos y multiplíquense. Llenen la tierra y gobiernen sobre ella'" (Génesis 1:28). Esto se conoce como la comisión divina.

Como hemos visto en este capítulo, nuestra diferencia de opinión sobre el estilo de crianza de nuestros hijos puede provocar conflicto en nuestro matrimonio. En esta sección, quiero profundizar más en la Palabra de Dios y ver lo que Él desea y planea para la crianza de nuestros hijos.

### Las diferencias no son malas

"Así que Dios creó a los seres humanos a su propia imagen. A imagen de Dios los creó; hombre y mujer los creó" (Génesis 1:27). Desde el principio de los tiempos, Dios hizo dos tipos distintivos de seres humanos: hombre y mujer. Las diferencias no son malas. De hecho, como vimos anteriormente, las diferencias entre un varón y una muchacha pueden incrementar su atracción mutuamente. Moisés concluye Génesis 1 con este informe: "Entonces Dios miró todo lo que había hecho, ¡y vio que era muy bueno!" (Génesis 1:31).

En Génesis 2, vemos cómo Dios creó a la mujer.

Después, el Señor Dios dijo: "No es bueno que el hombre esté solo. Haré una ayuda ideal para él"… Entonces el Señor Dios hizo que el hombre cayera en un profundo sueño.

Mientras el hombre dormía, el Señor Dios le sacó una de sus costillas y cerró la abertura. Entonces el Señor Dios hizo de la costilla a una mujer, y la presentó al hombre. "¡Al fin! —exclamó el hombre—. ¡Esta es hueso de mis huesos y carne de mi carne! Ella será llamada 'mujer' porque fue tomada del hombre" (Génesis 2:18, 21-23).

¡Distintivamente diferentes; creados por un Dios perfecto! Una ayuda ideal es alguien que colabora. Dios creó a Eva para ayudar a Adán a superar la soledad; a colaborar con él y complementarlo con sus propias cualidades únicas. Además, los hijos nacen a partir de las diferencias particulares asociadas con la masculinidad y la feminidad. Un bebé no puede nacer sin el semen del hombre y el óvulo de la mujer. Uno no puede existir sin el otro.

De estos versículos podemos recabar que las diferencias dadas por Dios, existentes entre un hombre y una mujer, no son malas. ¡En realidad constituyen una hermosa evidencia de la creatividad de Dios! Pero las acciones asociadas con estas diferencias pueden provocar conflictos. Demasiadas veces nos enfocamos en cambiar a nuestro marido, y le forzamos a ver el mundo desde nuestra perspectiva. En cambio, necesitamos estudiar a nuestro esposo y tratar de entender su punto de vista.

## Buscar afinidad

Marcos 3:25 dice: "De la misma manera una familia dividida por peleas se desintegrará". En este pasaje, un grupo de escribas de Jerusalén acusó a Jesús de estar poseído por demonios mientras al mismo tiempo los echaba fuera. Jesús les pidió que explicaran cómo podía estar poseído por demonios y echarlos fuera al mismo tiempo. Con el uso inteligente de la analogía de que una casa o reino dividido se desintegrará, Él enseñó un principio que puede aplicarse a nuestras vidas hoy.

Debes llegar a tener afinidad con tu esposo a la hora de pensar en cómo disciplinar y criar a tus hijos. Para encontrar un equilibrio entre las diferencias, deben sentarse y hablar el uno con el otro. Hablen de las expectativas de los roles, las estrategias para la disciplina, las rutinas diarias y cosas por el estilo. Cuando una madre y un padre están de acuerdo, ofrecen una estructura a la cual los hijos pueden responder positivamente. Los niños se sienten seguros, y confían en que sus padres saben cómo protegerlos.

## Cómo ser padres capacitadores emocionales

Hemos visto cuatro estilos diferentes de padres de acuerdo a John Gottman: desdeñosos, desaprobadores, permisivos y capacitadores emocionales. Los mejores padres deciden capacitar en vez de ignorar o controlar la vida emocional de sus hijos. A fin de ser un buen capacitador, debes aprender a regular y controlar tus propias emociones para que luego puedas enseñar a tus hijos.

Una de las emociones más difíciles de regular es el enojo. Salomón escribe extensamente en el libro de Proverbios sobre la importancia de aprender a controlar el enojo.

- "Los sabios son precavidos y evitan el peligro; los necios, confiados en sí mismos, se precipitan con imprudencia. Los que se enojan fácilmente cometen locuras, y los que maquinan maldad son odiados" (14:16-17).
- "Los que tienen entendimiento no pierden los estribos; los que se enojan fácilmente demuestran gran necedad" (14:29).
- "Mejor es ser paciente que poderoso; más vale tener control propio que conquistar una ciudad" (16:32).

Santiago se refiere también a controlar el enojo cuando escribe: "Mis amados hermanos, quiero que entiendan lo siguiente: todos ustedes deben ser rápidos para escuchar, lentos para hablar y lentos para enojarse. El enojo humano no produce la rectitud que Dios desea" (Santiago 1:19-20).

El enojo es la expresión externa de una condición interna. Detrás del enojo hay un asunto no resuelto que nos impulsa a enojarnos y quizá a estallar de ira. Muchas veces, nuestros hijos o nuestro esposo son testigos o incluso receptores de nuestro enojo.

Está bien enojarse. Pablo escribe en Efesios 4:26: "no pequen al dejar que el enojo los controle". Puedes enojarte y aprender a expresar adecuadamente tus sentimientos de una manera positiva, o puedes estallar de ira y causar daño a todos los que te rodean. La decisión es tuya.

Tus hijos aprenden a expresar muchas otras emociones a medida que maduran. Busca la manera de elogiarlos cuando te dicen que se sienten tristes, heridos, felices, entusiasmados o enojados. Cuando te sientes a leer un libro con tus hijos, haz que te lean lo que podrían estar sintiendo los personajes del libro. Enséñales a usar sus palabras para expresar adecuadamente lo que pasa dentro de ellos.

Recuerda siempre que para aprobar los sentimientos de tus hijos y ayudarles a aprender a expresarse de manera positiva, primero debes ser ejemplo. Proverbios 20:7 dice: "Los justos caminan con integridad; benditos son los hijos que siguen sus pasos".

## *Preguntas para la reflexión*

1. ¿Tienes afinidad con tu esposo en la crianza de tus hijos? Si no es así, ¿cuándo podrías tener una conversación con él sobre sus diferencias?

2. ¿Cuál es tu estilo de crianza en este momento? Si no eres una capacitadora emocional, ¿qué puedes hacer para serlo? Enumera en qué áreas necesitas mejorar.

3. Dedica un tiempo a orar por tu esposo y tus hijos en este momento. Después escribe una nota o carta alentadora para cada uno de ellos, y exprésales tu deseo de ser quien más los anime en la vida.

*Habla con tu esposo de...*

# 10 Lo que esperas para el futuro

*Vive con intencionalidad, camina hasta el límite, escucha atentamente, practica la buena salud. Juega sin inhibiciones, ríe, decide sin remordimientos, aprecia a tus amigos, sigue aprendiendo, haz lo que te encanta. Vive como si esto fuera todo.*

MARY ANNE RADMACHER

UN ESTUDIO LLEVADO A CABO POR el Instituto de Políticas Clare Boother Luce indagó a mujeres sobre sus ilusiones, quienes respondieron con pensamientos llenos de entusiasmo y alivio instantáneo.

- un 44% soñaba con ganar la lotería,
- un 43% soñaba con un tiempo sin el más mínimo estrés en sus vidas, y similarmente,
- un 42% soñaba con ser rica.[1]

## Qué quieren las mujeres

No creo que la encuesta del Instituto de Políticas Clare Boother Luce revelara realmente qué quieren de la vida las mujeres. Sí, es gracioso pensar cómo cambiaría nuestra vida si ganáramos varios millones de

Las mujeres quieren que se las ame, escuche, desee, respete, necesite, considere dignas de confianza y, a veces, simplemente, que se las tolere. Los hombres no quieren más que unas entradas para la final de la Copa de Mundo.

DAVE BARRY

dólares y viajáramos por el mundo (o compráramos bellísimas joyas o los gastáramos en lo que quisiéramos), pero estos son tan solo antojos pasajeros. Lo que realmente queremos —lo que cautiva nuestro corazón y enciende nuestra esperanza más que nada en el mundo— es tener una relación profunda con el hombre que se supone que nos ama.

En un artículo de *Christianity Today* [Cristianismo hoy], el sociólogo Brad Wilcox reveló los resultados de su estudio: "¿Qué tiene que ver el amor con esto? Igualdad, justicia, compromiso y calidad matrimonial de la mujer". Al final de su extensa investigación sobre una gran variedad de factores que promete darnos satisfacción, llegó a esta conclusión:

> El mayor predictor de la felicidad de una mujer es el compromiso emocional de su esposo. La medida con la que él ama, comprende, fundamentalmente está en armonía con su esposa, es el factor más importante para predecir la felicidad de una mujer. Básicamente, esto eclipsa cualquier otro factor de nuestros prototipos… Tenemos que reconocer que para el matrimonio estadounidense promedio, importa mucho más que el esposo esté emocionalmente identificado con su esposa que lo que él haga o diga, o que le ayude a lavar los platos o se encargue de la ropa sucia. Si la esposa tuviera que elegir entre tener un esposo que colabore con ella en todos los quehaceres domésticos, y un esposo que realmente haga el esfuerzo consciente y deliberado de enfocarse emocionalmente en ella, el enfoque emocional probablemente sería su principal interés.[2]

Sé que no es políticamente correcto decir que necesitamos un hombre. La cultura popular dice que somos fuertes e independientes y que no necesitamos a nadie más que a nosotras mismas. Eso podría parecer bueno a algunas personas, pero no es el caso de la mayoría de las mujeres que conozco. No estoy sugiriendo que nos convirtamos en un "felpudo". Al haber llegado al último capítulo de este libro, sabrás que no recomiendo eso en absoluto. Dios quiere que seamos mujeres fuertes e independientes, pero también que estemos comprometidas en una relación significativa. No elegimos una por encima de la otra, sino ambas. La intimidad contribuye a un estado de unidad como de sana separación. Nuestra identidad y nuestro sentimiento de seguridad están determinados, en cierta medida, por nuestros talentos y éxitos, pero en mayor medida por nuestra relación con las personas. Miramos a los ojos a aquellos que amamos y vemos un reflejo de nosotras mismas. Necesitamos personas cuyos ojos nos digan que somos amadas, aceptadas y valoradas. La aceptación incondicional es nuestro refugio seguro en las tormentas de la vida. Hubo muchas personas que ya han moldeado nuestra vida, pero ahora nadie tiene más influencia sobre nuestra identidad y seguridad que nuestro esposo... excepto Jesucristo. Dios es nuestra gran fuente de consuelo, paz, ilusión y gozo. Por eso amo tanto las Escrituras; ¡porque el amor de Dios lo cambia todo!

## Panoramas

He escuchado a muchas parejas jóvenes decir melancólicamente: "Queremos envejecer juntos". Pero unos años después, inevitablemente las tensiones surgen y esa declaración podría parecerse más a una maldición que a una bendición. En cada momento de nuestra relación, esperamos profundizar nuestro sentido de pertenencia mutua. ¿Cómo sería eso? Saber escuchar es a menudo lo primero que nos viene a la mente, pero hay mucho más que eso. Cada pareja tiene su propia manera de expresarse y experimentar cercanía, pero aquí hay algunos panoramas de una genuina relación.

### Una llama que vuelve a arder

Es muy fácil llegar a estar demasiado cansadas o demasiado ocupadas para darle importancia a la relación. Hay veces en que solo luchamos por sobrevivir un día más, sin una partícula de romance. ¡Pero una co-existencia no es lo que estamos buscando! Anhelamos que la antigua llama de la pasión vuelva a avivar nuestro amor. No necesitamos que esté ardiendo cada minuto de cada día, como cuando estábamos en nuestra luna de miel; pero de vez en cuando sería maravilloso.

> Todas las parejas casadas deberían aprender el arte de pelear, como deberían aprender el arte de hacer el amor. Una buena pelea es objetiva y sincera, nunca es empedernida y cruel. Saber pelear es sano y constructivo, y aporta al matrimonio el principio del trato igualitario.
>
> ANN LANDERS

## Aventura

Agrégale un poco de aventura a tu relación. Hasta las mujeres que viven del lado de la tradición y las expectativas establecidas desean un poco de espontaneidad de vez en cuando, y las mujeres que se sienten motivadas en medio de la originalidad necesitan mucha creatividad en su relación. No es bueno caer en la rutina y quejarse de lo complicados que son los cambios, pero para esto tampoco tenemos que estar en el próximo transbordador espacial. Toma a tu marido, y vayan de picnic. Guarda los cepillos de dientes en un bolso, y conduzcan hasta encontrar un pequeño lugar donde dormir y desayunar en la montaña durante el fin de semana. No tienes que gastar mucho dinero para volverle a poner un poco de emoción a tu matrimonio. Si no se te ocurre qué hacer, piensa en algunas ideas con tus amigas, o mejor aún, con tu esposo.

## Más risas, más amor

Theodor Geisel, mejor conocido como el Dr. Seuss, comentó: "Me encantan los sinsentidos, porque despiertan las células del cerebro. La fantasía es un ingrediente necesario en la vida. Es la manera de ver la vida del lado equivocado de un telescopio. Es lo que yo hago, y me permite reírme de la realidad de la vida". Y del otro lado del espectro literario, el psicólogo y filósofo estadounidense, William James puntualizó: "No nos reímos porque somos felices; somos felices porque nos reímos".

He oído que los niños se ríen cuarenta y cinco veces por hora y que se ríen a carcajadas siete veces por hora. ¿Cuándo fue la última vez que te reíste tanto? Podemos llegar a estar tan preocupadas por el dinero y molestas con los niños que dejamos que nuestra mente se aturda con tantas dificultades. No podemos librarnos de todas esas cosas (aunque podríamos tomar mejores decisiones con respecto a todas ellas). Sin embargo, podemos aprender a ver el vaso medio lleno. Hasta en las dificultades, y tal vez especialmente cuando tenemos problemas, necesitamos una medida generosa de humor para aliviar las cargas. Las parejas que tienen humor en la vida alivian mucha tensión y encuentran afinidad mucho más fácilmente que aquellas que ven cada momento como una amenaza. Reírse de vez en cuando hace que sea mucho más fácil bajar las defensas y expresar el amor que alguna vez enterramos debido a todas nuestras preocupaciones. En vez de quejarnos, contemos chistes. En vez de ensimismarnos, pensemos en algo gracioso de qué hablar. Pero asegúrate de no hacer de tu marido el blanco de tu humor. ¡Eso no le causaría ninguna gracia!

---

Una relación de amor es aquella en la que el ser amado es libre para ser él mismo; de reírse conmigo, pero nunca de mí; de llorar conmigo, pero nunca por mí; de amar la vida, de amarse a sí mismo, de amar el hecho de ser amado. Esta clase de relación está basada en la libertad y nunca podrá crecer en un corazón celoso.

Leo F. Buscaglia

---

## Una verdadera amistad

La clave del romance es la amistad. Los amigos ven más allá de lo que más les conviene y se preocupan genuinamente por las cosas que preocupan a los demás. Los buenos matrimonios están basados en esta simple cuestión. Independientemente de cuán compatible sea y cuánto dinero tenga la pareja, el factor más importante que trae gozo y seguridad al matrimonio es la verdadera amistad. Demasiadas veces, las parejas viven vidas totalmente separadas. Con el tiempo, se distancian y finalmente terminan por tolerarse en vez de amarse.

Recuerda que una buena relación sabe encontrar el equilibrio entre la separación y la unidad y entre las expectativas tradicionales y la espontaneidad. Una mujer dijo que lo que busca en un hombre es a "mi mejor amiga en el cuerpo de un hombre". Mujeres, si eso es lo que estamos buscando, ¡nunca seremos felices con nuestro marido!

> Quizá para el mundo seas tan solo una persona, pero para una persona seas todo su mundo.
>
> Brandi Snyder

Valóralo por lo que es, y desarrolla una amistad basada en el equilibrio, no en su conformidad a tus valores y perspectivas. Te has casado con él porque lo respetabas. Aprende a respetarlo otra vez. Es el fundamento de una amistad maravillosa.

## Cuando se sienten entendidos

Cuando la pareja no desarrolla su relación, toda clase de dudas y temores llena la mente de cada cónyuge. Una de las metas más importantes de cualquier relación es que ambos se sientan entendidos; no solo que uno entienda al otro, sino que la pareja realmente entienda este hecho. Los malentendidos ponen violentos a algunos, pero son la causa de que otros se escondan tras los muros del aislamiento. Cada vez que uno entiende al otro se cae un ladrillo de la pared y se bajan las armas. Y tengo que decirles que a veces las mujeres no llegamos a comprender a nuestro marido como pensamos. Seguramente, pensamos que es fácil saber qué le pasa, pero a veces puede haber más escondido detrás de la apariencia que conocemos, y otras veces nuestros temores pueden confundir nuestra percepción. Hacemos bien en agregar un poco de humildad y admiración al hecho de escucharle y entenderle.

## Etapas de esperanza

A medida que envejecemos juntos, lo que esperamos cambia un poco. Cuando somos jóvenes, la cercanía significa todo para nosotros. Ninguna cantidad de dinero ni nivel de éxito pueden llenar el vacío de nuestro corazón… solo el amor. En esos años, necesitamos poner nuestra energía en la relación más importante de nuestra vida. Si enfocamos nuestro corazón en cosas tangibles y en escalar posiciones sociales o laborales, sufriremos doble angustia: temor al compromiso y temor al aislamiento. No sabremos en quién confiar, aunque anhelemos confiar en alguien. Pero si aprendemos a dar y recibir amor, cosecharemos los beneficios de la intimidad por el resto de nuestra vida.

Cuando tenemos hijos, dedicamos juntos el corazón a nuestros hijos. Algunas mujeres dicen que no se dieron cuenta de cuán egoístas eran hasta que se casaron, pero vieron su egocentrismo de una manera totalmente nueva cuando tuvieron hijos. Sí, por supuesto que los amamos entrañablemente, pero nos demandan relegarnos las veinticuatro horas de cada día. En el crisol de la crianza de los hijos, el matrimonio puede ponerse muy tenso o unirse mucho más que antes. Lo que esperamos en estos años es no sentir que nos subestiman, que nos dejan solas con todas nuestras responsabilidades; para ser sincera, ¡no queremos ser como nuestra madre!

Cuando los cónyuges se unen en la tarea de criar a sus hijos, están ejerciendo una profunda influencia en cada uno de ellos. Si no aprenden a comunicarse claramente y no aprovechan las dificultades para unirse más, el estrés puede provocar una terrible tensión en la relación. O bien pueden llegar a ser compañeros íntimos que ven el legado de su amor en la vida de sus hijos que crecen y llegan a ser adultos sanos y felices.

Y sí, muchas parejas envejecen juntas. Pero cuando el nido se queda vacío, afrontan nuevos retos. Para algunas, criar a los hijos fue el único motivo de unión en la relación. Cuando los hijos se van, no queda nada. Pero las parejas que han aprendido a desarrollar el arte de la amistad tienen una relación más profunda durante estos años. Ven que su propósito y legado se vuelven una realidad, y se sienten profundamente realizadas.

Nuestra esperanza no está tan solo en sobrevivir a las diferentes etapas de la vida. Nuestra esperanza está en Dios. Todas las mujeres experimentan dificultades en cada etapa de la vida, y algunas sienten que han cometido tantas equivocaciones que han perdido toda esperanza. Tengo buenas noticias: ¡Dios puede redimir cada situación y llevar esperanza a cada corazón! No, Él no volverá el tiempo atrás para cambiar la historia, pero en su gracia maravillosa, está dispuesto a usar incluso nuestros peores errores y pecados más graves como pinturas sobre un nuevo lienzo de esperanza y amor. No tenemos que seguir atrapadas en nuestro doloroso pasado; podemos aprender lecciones de ese dolor y avanzar hacia nuestro futuro.

## Patrones nuevos

Puede que no sintamos que lo hemos arruinado todo en nuestra vida, pero muchas mujeres se dan cuenta de que la relación con su marido podría necesitar un par de ajustes. Deja que la esperanza te impulse a la acción. No dejes que la relación siga perdiendo el rumbo. Reflexiona sobre lo que está sucediendo y sobre el rumbo que está tomando la relación, y luego haz algo al respecto.

Muchas de las mujeres que conozco insisten en que su marido dé el primer paso (y los siguientes) en pro de la relación. Quizá sea bueno, pero cuando no sucede, estas mujeres terminan frustradas. Entonces, en vez de crear una atmósfera de amor y entendimiento, se vuelven más exigentes y frías. Una situación no muy buena. Podemos terminar por convertirnos en mujeres exigentes y resentidas, o tratar de crear patrones nuevos en la relación. La decisión es nuestra.

> Los hombres casados deberían olvidar sus errores; no es necesario que dos personas recuerden lo mismo.
>
> Duane Dewel

Los patrones antiguos son difíciles de romper. Puede que los aborrezcamos, pero también podemos temer al cambio; aunque sea un cambio para mejor. El cambio no sucede solo porque deseamos que exista, pero aun así, el primer paso es cambiar nuestra manera de pensar. En este capítulo, puede que hayas pensado: *Sí, para ti todo está bien, Julie, pero no conoces a mi esposo. ¡Nada resulta con él!* Mientras pienses eso, nada resultará.

Necesitamos tener la perspectiva de Dios acerca de nuestra relación, para ver a nuestro marido y nuestro futuro a través de sus ojos. No estoy sugiriendo que cuando oremos, Dios transformará mágicamente a nuestro marido en el príncipe azul. O en tal caso en un sapo. No, Dios comienza a obrar en nuestro corazón y nuestra mente para darnos una perspectiva nueva. Necesitamos una fuerte combinación de esperanza y entendimiento del proceso en el que nos encontramos para ir a donde Dios quiere que vayamos. Gratitud y aceptación son ingredientes clave en todo cambio relacional. Comienza ahí y trabaja primero en tu propio corazón y pensamientos.

Después de alcanzar un mayor entendimiento, necesitamos un plan de acción. Si anteriormente hemos intentado cosas que no dieron resultado, quizá esta vez deberíamos intentar otra cosa, o intentarlo de una manera diferente (tal como un tono diferente de voz o una mirada diferente en nuestros ojos). No exijas que él cambie; haz cambios en ti misma. ¿Piensas que él lo notará? Estoy segura de que sí.

Romanos 12:9-21 nos sirve de modelo para nuestros planes. Pablo da varias instrucciones claras sobre cómo tratar a los demás, incluso al hombre que amamos:

*1. No finjan amar a los demás; ámenlos de verdad.* No podemos fingir el respeto y la aceptación. Puede que nuestro marido no sea la persona más perceptiva de la tierra, pero puede distinguir lo falso a kilómetros de distancia. No digas nada hasta, y a menos, que lo digas en serio, y entonces dilo con todo tu corazón. Si siempre has sido de las que crean distanciamientos o hacen exigencias, puede que necesite tiempo para creerte, pero no te rindas. El amor es persistente.

*2. Deléitense al honrarse mutuamente.* Los hombres se motivan cuando se sienten honrados. Las palabras y acciones que afirman sus esfuerzos y muestran agradecimiento por lo que hay en su corazón los hace sentir importantes. Y cuando los honramos, instintivamente se les despierta el deseo de mostrarnos cuánto nos aman. Las felicitaciones de segunda mano son las más poderosas. Elógialo delante de tus amistades. Cuando le lleguen esos comentarios, se sentirá inmensamente honrado.

*3. Alégrense por la esperanza segura que tenemos. Tengan paciencia en las dificultades y sigan orando.* Hacen falta dos personas para desarrollar una relación, pero solo hace falta una para comenzar a cambiar la atmósfera del hogar. A menos que nuestro marido sea un antisocial, debería respondernos de manera muy positiva cuando somos optimistas, amables y pacientes. Vuelve a pensar en la conversación que has tenido con tu esposo hace algunos días. ¿Cuán negativa ha sido (quejosa, fastidiosa, crítica o deprimente), cuán agradecida y positiva ha sido (con gratitud, elogios o esperanza) y cuán distante ha sido (pasiva o fría)? Los psicólogos dicen que se necesitan veinte mensajes positivos para contrarrestar el efecto de uno negativo. ¿Cuál es tu proporción? ¿Necesitas cambiar la ecuación?

Tener paciencia y orar por el hombre que amamos es mucho más fácil cuando nuestro corazón y nuestras palabras expresan gracia. La esperanza es una fuerza poderosa en la relación. Sin ella, nos rendimos rápidamente... perdemos toda esperanza en nuestro marido y en Dios. Pero con un fuerte sentimiento de esperanza para el futuro, perseveraremos en los momentos difíciles, y confiaremos en que Dios obrará profundamente en nuestra vida y en la vida de nuestro marido.

*4. Bendigan a quienes los persiguen. No los maldigan.* Aceptémoslo: cuando no nos sentimos amadas y valoradas, nos ofendemos fácilmente. Detestamos sentirnos ignoradas, ridiculizadas o subestimadas. Puede que esto no sea persecución, ¡pero sin duda se le parece! Sin embargo, cuando hacemos lo contrario y bendecimos a nuestro esposo en vez de criticarlo, la atmósfera puede cambiar rápidamente. ¿Cómo lo bendecimos? Con esas palabras de reconocimiento que he mencionado. ¿Aun cuando nuestro esposo está siendo duro? Sí, especialmente cuando está siendo duro.

*5. Alégrense con los que están alegres y lloren con los que lloran.* He hablado con hombres que me han dicho: "Solo desearía que mi esposa no intentara levantarme el ánimo. Cuando estoy enojado por algo, desearía que tan solo dijera: 'Qué lío. Lamento lo que pasó'". Algunas mujeres se sienten amenazadas por el desánimo y el enojo de su esposo, y quieren que él se sienta mejor *ya* para poder sentirse seguras otra vez. En otras palabras, cuando tratamos de levantarle el ánimo, lo estamos haciendo por nosotras, no por él.

Amar a nuestro esposo incluye ponernos en su situación y aceptar lo que opina y lo que siente. Si está feliz por haber jugado una buena vuelta en el campo de golf o por haber hecho un buen negocio en el trabajo, podemos alegrarnos con él. Y si está enojado o descontento por algo que le pasó, deberíamos ponernos en su situación en vez de decirle que no debería sentirse de esa manera. La afirmación emocional es tan importante para él como lo es para ti.

*6. Hagan todo lo posible por vivir en paz con todos.* Mientras estemos vivas, experimentaremos desacuerdos y sinsabores. Cuanto más íntima y vulnerable es la relación, más nos arriesgamos a salir heridas. Algunas mujeres son como los erizos que punzan a cualquiera que se les acerca. Sus seres amados aprenden a estar en guardia cada vez que están cerca. Otras mujeres son como volcanes; listas para estallar sin previo aviso, y otras son como mariposas escondidas en un capullo de protección. Ninguna de estas estrategias promueve la verdadera paz. Tenemos paz en la relación cuando valoramos la comunicación franca, respetamos las perspectivas del otro y nos comprometemos a resolver cualquier conflicto entre nosotros. La paz viene solo cuando el amor reemplaza el resentimiento

*7. Queridos amigos, nunca tomen venganza.* Una de las mejores maneras de cambiar la atmósfera de una relación es practicar el arte del perdón. Cuando estamos ofendidas, todo dentro de nosotras pide venganza, pero Dios quiere que perdonemos al que nos ofende. Cuando decidimos perdonar, no estamos diciendo que el dolor no importa o que invitamos a la persona a que nos vuelva a ofender. Antes bien, estamos diciendo que valoramos el camino de la gracia de Dios sobre la reacción natural de tomar venganza.

Muchas parejas están atrapadas en un juego destructivo de ofensas y venganza, en el que cada uno toma nota de los agravios recibidos y trata de hacer pagar al otro por lo que ha hecho. Si este es el caso en tu pareja, deja de hacerlo. Confía en la obra de la bondad y gracia de Dios en lo profundo de tu propio corazón, y luego toma la decisión valiente de perdonar. El actor Peter Ustinov dijo una vez: "El amor es un acto de interminable perdón, una tierna mirada que se convierte en un hábito".

La esperanza para el futuro es una fuerza poderosa para el bien de la relación. Nuestra esperanza no es algo etéreo, como un deseo mágico.

Nuestra esperanza está primero en Dios y en su plan de bendición para nuestra vida, y luego en el proceso de edificar (y restaurar) la relación con el hombre que amamos. La verdad es que ningún hombre puede suplir el anhelo más profundo del corazón de una mujer. Solo una cosa puede hacerlo: una relación personal con Dios a través de Jesucristo. Esta clase de esperanza requiere entendimiento y valor, y produce resultados increíbles.

## ¡Habla con tu esposo!

El distanciamiento y las exigencias contaminan la mente de los hombres. Algunos hombres creen que lo único que nos importa es el dinero que traen a casa y cuánto colaboran con los quehaceres domésticos. A ellos, lo primero que hay que decirles es: "Lo que verdaderamente espero no son casas, autos, joyas, vacaciones, una liposucción o cualquier otra cosa de esta tierra; sino que tú y yo disfrutemos al máximo el estar juntos para el resto de nuestras vidas".

Habla con tu esposo de cómo las dificultades de la vida los ha distanciado o los ha unido. Y escúchalo cuando él te cuente cómo cree que han influido esas dificultades en la relación.

Dile que quieres que la llama vuelva a arder y que estás decidida a buscar el equilibrio, no a salirte con la tuya. Dedica un tiempo para señalarle las cosas por las que estás agradecida: sobre él, su corazón y sobre cómo has encontrado amor y vida en tu relación con él.

Explícale que deseas tener una vida de aventura junto a él. Puede que envejezcan juntos, pero nunca caigas en la rutina. Le podrías decir: "¡Prepárate! ¡Te puedo llegar a sorprender!". Se preparará, te lo aseguro. Explícale qué podría depararle el futuro a cada uno de ustedes a medida que atraviesan las diferentes etapas de la vida. A lo largo de esta

> No hay nada más noble ni más admirable que cuando dos personas se miran a los ojos y forman un hogar como marido y mujer, para confusión de sus enemigos y deleite de sus amigos.
>
> HOMERO

conversación y miles de ellas, desde ahora en adelante, sé agradecida, creativa y optimista.

Si has leído atentamente este libro, antes de hablar con tu esposo o tu pareja sobre los temas tratados en cada capítulo, puede que te sientas abrumada por todas las cosas que necesitas hablar. No te amedrentes, pero no desistas. Elije el asunto más importante, y comienza con ese. Podrías necesitar varias conversaciones antes de notar un progreso. El cambio, especialmente en las relaciones, no sucede de la noche a la mañana. Háblale con gracia y verdad, y dale tiempo para procesar la información que recibe. Cuando sientas que no estás progresando en esa área de la relación, pasa al siguiente punto de tu lista. El poeta inglés Joseph Addison observó: "El mayor endulzante de la vida humana es la amistad. Elevar esto a un alto grado de placer es un secreto que muy pocas personas descubren". Espero que tú seas una de ellas.

## *En la Palabra: Aplicación práctica*

Quiero finalizar este tiempo junto a ti con el análisis de uno de los pasajes instructivos más maravillosos que he encontrado en toda la Biblia. Cada vez que lo leo, Dios me revela algo nuevo y emocionante. Pablo lo incluyó en su primera carta a la iglesia en Tesalónica como parte de sus concluyentes exhortaciones.

Estén siempre alegres. Nunca dejen de orar. Sean agradecidos en toda circunstancia, pues esta es la voluntad de Dios para ustedes, los que pertenecen a Cristo Jesús. No apaguen al Espíritu Santo. No se burlen de las profecías, sino pongan a prueba todo lo que se dice. Retengan lo que es bueno. Aléjense de toda clase de mal. Ahora, que el Dios de paz los haga santos en todos los aspectos, y que todo su espíritu, alma y cuerpo se mantenga sin culpa hasta que nuestro Señor Jesucristo vuelva. Dios hará que esto suceda, porque aquél que los llama es fiel (1 Tesalonicenses 5:16-24).

Fui maestra de escuela primaria y, por si todavía no lo adivinaste, me encanta la organización. Siempre estoy pensando en cómo ofrecer y presentar las cosas de la mejor manera posible para ayudar al proceso del aprendizaje. Una gran manera de organizar esta sección de las Escrituras para su estudio es fraccionar y aplicar estas instrucciones de acuerdo a las promesas de Dios. Luego considera tanto las instrucciones positivas como negativas para tu vida personal y como cristiana.

*Parte 1.* Observa la revelación y las promesas de Dios para que sus hijos realicen grandes obras:

- Dios te revelará personalmente su voluntad para tu vida; ya no necesitas estar confundida sobre la voluntad de Dios para tu vida o vivir con temor porque no puedes verle o escucharle.
- Dios te santificará en cada uno y todos los aspectos de tu vida.
- Dios preservará todo tu espíritu, alma y cuerpo sin culpa. (El día de la resurrección, Dios te resucitará perfecta y completa y te invitará personalmente a su reino eterno).
- Dios es fiel y cumplirá todo esto por su buena voluntad, no por tus buenas obras.

*Parte 2.* Observa las instrucciones a la Iglesia: a ti y a mí como hermanas en Cristo.

| Positivas—Hazlo | Negativas—Evítalo |
|---|---|
| Estén siempre alegres. | No apaguen al Espíritu Santo. |
| Nunca dejen de orar. | No se burlen de las profecías. |
| Sean agradecidos en todo. | Aléjense de toda clase de mal. |
| Pongan a prueba todo lo que se dice. | |
| Retengan lo que es bueno. | |

(Es importante recordar que Pablo está dando estas instrucciones espirituales a toda la Iglesia; no tan solo a un individuo).

Cuando me detengo a pensar en las promesas de Dios y su amor por mí, todo cambia. Termino alabándole y adorándole por quién es Él, por su fidelidad hacia mí y por sus promesas que se extienden a mi esposo y mi familia. Me recuerda que nadie es como Él y que nadie se merece mi adoración y dedicación.

Cuando me detengo a pensar en Él, puedo seguir adelante y hacer las cosas que Él me llamó a hacer; cosas que en mis propias fuerzas son imposibles de lograr. Por lo tanto, entender bien las cosas es esencial; Dios primero, y todo lo demás viene después. Lo mejor de todo es que Él nos llama a ser libres de la trampa de nuestras buenas obras; salgamos del medio para que Él cumpla lo que ha prometido. Él hará lo que nosotras somos incapaces de hacer. ¡Imagínate eso! Su promesa de redimir y perfeccionarnos es en función de su carácter. Él es único y solo Dios de la creación y de la redención, que nos hará íntegras, completas y perfectas. ¡Y viviremos con Él para siempre!

¿Qué tal si pasáramos treinta minutos por día sin poner nuestros ojos en este mundo caído, sino en Dios y sus promesas celestiales? ¿Qué sucedería? Piensa en esto por un momento. ¡Sé que en un lapso de treinta días o antes, nuestra vida y nuestra relación matrimonial serían transformadas! Tendríamos lentes nuevos y limpios para ver al hombre de nuestra vida, y lo amaríamos de la manera que Dios ha diseñado.

Que este versículo te inspire a alegrarte en la dádiva que has recibido a través de Cristo:

> Dios mostró cuánto nos ama al enviar a su único Hijo al mundo, para que tengamos vida eterna por medio de él. En esto consiste el amor verdadero: no en que nosotros hayamos amado a Dios, sino en que él nos amó a nosotros y envió a su Hijo como sacrificio para quitar nuestros pecados. Queridos amigos, ya que Dios nos amó tanto, sin duda nosotros también debemos amarnos unos a otros (1 Juan 4:9-11).

Hemos nacido pecadores; sin embargo, Cristo murió en nuestro lugar y se convirtió en el máximo sacrificio. Dios nos amó tanto que nos dio una manera de vivir por medio de su muerte en la cruz; no solo en esta tierra, sino en el cielo, cuando llegue el día que vivamos eternamente con Él. ¡Gracias a Dios por la dádiva de Jesucristo hoy y siempre!

¡Únete a mí, y juntas vivamos, amemos y celebremos nuestra fe en Él!

En la vida realmente todo se trata de relaciones; primero nuestra relación con Él, y luego nuestra relación con aquellos que nos rodean. Cuando permitimos que Dios sature nuestro ser, la vida es radicalmente diferente. Está llena de esperanza, sentido, sanidad y nueva vida. Confieso sus maravillosas bendiciones sobre tu vida y tus relaciones.

## *Preguntas para la reflexión*

1. ¿Cómo te va en tu relación con los demás, con tu marido, con Dios? Toma un momento para clasificar las relaciones de tu vida en una escala del uno (muy disfuncional) al diez (saludable, vibrante y fuerte). ¿Qué puedes hacer hoy para acercarte al diez en la escala de cada una de tus relaciones?

2. Ahora toma una hoja de papel y escribe un plan de acción. Haz tres columnas. Identifica una como "personal". La segunda es para el hombre de tu vida. Y la tercera es para tus hijos. Ahora escribe tus sueños y objetivos personales en la vida. ¿Dónde está tu vida, la vida de tu esposo y la vida de tus hijos? Comienza con un objetivo para el año para cada columna, y luego escribe también objetivos a cinco y diez años en cada columna. Comienza por crear un plan de acción que describa cómo vas a cumplir esos objetivos. He oído a la gente decir una y otra vez: "Si no tienes ningún objetivo, nunca llegarás a nada".

3. Finalmente, haz lo mismo para tu relación con Jesús. ¿Cómo ejercerás influencia en este mundo para Cristo? ¿Vas a renunciar a todo lo que te ha estado limitando y se lo entregarás a Él? ¿Estás lista para vivir con tus ojos puestos solo en las cosas eternas (2 Corintios 4:16-18)?

4. ¡Confiésate, comprométete y cambia! Desde hoy en adelante, camina como una mujer en completa libertad; ¡libre para ser una verdadera mujer en cada área de tu vida y en la relación con el amor de tu vida!

# Notas

### Capítulo 1: Lo que te molesta de él

1. Dan Allender, *The Healing Path*, (Colorado Springs: Waterbrook Press, 1999), pp. 5-6.

### Capítulo 2: Tus temores sobre el dinero y la seguridad

1. Citado en Jonathan Leake, "Wealthy men give women more orgasms", *Sunday Times* (Londres), 18 de enero de 2009. Disponible en línea en www .timesonline.co.uk/tol/news/uk/science/article5537017.ece.

2. Jay McDonald, "Gender spender: Sex sets your money DNA", Bankrate. com. Disponible en línea en www.bankrate.com/brm/news/sav/20000620 .asp?caret.

3. Citado en Martha Irvine, "A generation obsessed with having more stuff", *Houston Chronicle*, 23 de enero de 2007.

4. National Endowment for Financial Education, "Motivating Americans to Develop Constructive Financial Behaviors", 2004, p. 7.

5. Jim Munchbach, *Make Your Money Count*, (Friendswood, Texas: Baxter Press, 2007), pp. 31-41.

6. Lee, Joe y Thomas Parrish, "Dazed and in debt in the credit card maze", *Houston Chronicle*, 21 de enero de 2007.

7. Elisabeth Elliott, *Keep a Quiet Heart*, (Grand Rapids: Revell, 2004), pp. 38-39.

8. Os Guinness, *The Call* [El llamado], (Nashville: Word Publishing, 1998), p. 4.

9. Ken Blanchard y Truett Cathy, *The Generosity Factor* [*El factor generosidad*], (Grand Rapids: Zondervan, 2002). Publicado en español por Editorial Vida.

10. Luci Shaw con Dallas Willard, "Spiritual Disciplines in a Postmodern World", *Radix*, vol. 27, no. 2. Disponible en línea en www.dwillard.org/ articles/artview.asp ?artid=56.

11. Brian Tracy, *Goals!*, (San Francisco: Berrett-Koehler, 2003), p. 50.

12. Jay MacDonald, "Remarrying? Say 'I won't' to money mistakes", Bankrate .com. Disponible en línea en www.bankrate.com/brm/news/sav/20000118 .asp.

13. June Hunt, *Counseling Through Your Bible Handbook*, (Eugene, OR: Harvest House, 2008), p. 176.

### Capítulo 3: Cómo quieres que te ame

1. Rodney Battles, "What Women Notice", *Nights in Atlanta*, 18 de marzo de 2009. Disponible en línea en nightsinatlanta.com/article/Women_Notice .htm.

2. Shaunti Feldhahn, "Your Love Is Not Enough: Why Your Respect Means More to Him Than Even Your Affection", *In Touch*, mayo de 2005, p. 14.

3. John Gottman, *Why Marriages Succeed or Fail* (Nueva York: Fireside, 1994).

### Capítulo 4: Cómo te sientes con respecto a la vida sexual

1. "What You Are Really Doing in Bed", *Redbook*, n.d. Disponible en línea en www.redbookmag.com/love-sex/advice/what-you-are-ll?click=main_sr.

2. "The sex-starved wife", *Redbook*, 2008. Disponible en línea en www.red bookmag.com/love-sex/advice/sex-starved-wife-5.

3. M. y L. McBurney, "Christian Sex Rules" *Christianity Today*, 2008. Disponible en línea en www.christianitytoday.com/mp/2001/spring/4.34.html?start=4.

4. "Married women hate sex", *MomLogic*, 9 de septiembre de 2008. Disponible en línea en www.momlogic.com/2008/09/sexless_marriage_survey .php?page=2.

5. Susan Seliger y Cynthia Haines, "Why Women Lose Interest in Sex—and 10 Tips to Rekindle Desire", *Good Housekeeping*. Disponible en línea en www .good-housekeeping.com/family/marriagesex/women-sexual-desire-0307.

6. "Size matters—new study delves between the sheets", LighterLife study, 7 de enero de 2009. Disponible en línea en www.easier.com/view/Lifestyle/ Relationships/Features/article-225059.html.

7. Shannon Ethridge, *The Sexually Confident Wife*, (Nueva York: Broadway Books, 2008), p. 112.

### Capítulo 5: Tu pasado: Secretos y asuntos privados

1. L. B. Finer y S. K. Henshaw, "Disparities in rates of unintended pregnancy in the United States, 1994 and 2001", *Perspectives on Sexual and Reproductive Health*, vol. 38, no. 2, 2006, pp. 90-96.

2. David Reardon, *Aborted Women, Silent No More*, (Acorn Books, 2002).

3. T. W. Smith, "American sexual behavior: Trends, socio-demographic differences, and risk behavior", *General Social Survey (GSS) Topical Report No. 25*, marzo de 2006, p. 8.

4. John Piper, *Desiring God* [*Sed de Dios*], (Sisters, OR: Multnomah Books, 1986), p. 250. Publicado en español por Andamio.

### Capítulo 6: Cómo te sientes contigo misma

1. Adaptado del grupo de trabajo sobre la sexualización de las niñas de la Asociación Psicológica Estadounidense, "Executive Summary" 2007. Disponible en línea en www.apa.org/pi/wpo/sexualizationsum.html.

2. Un extracto del libro de Ellul disponible en línea en jan.ucc.nau.edu/~jsa3/hum355/readings/ellul.htm.

### Capítulo 7: Cómo te hiere él

1. Basado en el censo de julio de 2005 en los Estados Unidos.

2. American Bar Association, Commission on Domestic Violence: Survey of recent statistics. Disponible en línea en www.abanet.org/domviol/statistics.html.

3. T. W. Smith, "American sexual behavior: Trends, socio-demographic differences, and risk behavior", *General Social Survey (GSS) Topical Report, no. 25*, marzo de 2006, p. 8.

4. R. C. Kessler, et al., "Prevalence, severity and comorbidity of 12-month DSM-IV disorders in the National Comorbidity Survey Replication", *Archives of General Psychiatry*, no. 62, 2008, pp. 617-627.

### Capítulo 8: Tus deseos y fantasías

1. Jeannie Kim, "11 'Don't tell the husband' secrets", *Redbook*. Disponible en línea en www.redbookmag.com/love-sex/advice/11-secrets-ll.

2. Courtney Mroch, "Fantasizing Wives", Families.com, 1 de mayo de 2008. Disponible en línea en marriage.families.com/blog/fantasizing-wives.

3. Ramona Richards, "Dirty Little Secret", *Today's Christian Woman*, septiembre-octubre de 2003, p. 58. Disponible en línea en www.christianitytoday.com/tcw/2003/ sepoct/5.58.html?start=1.

4. Os Guinness, *The Call*, (Nashville: Word Publishing, 1998), p. 4.

### Capítulo 9: Cómo te sientes con el estilo diferente de criar a los hijos

1. David H. Olson, et al, *Circumplex Model: Systemic Assessment and Treatment of Families*, (Filadelfia: Haworth Press, 1989).

2. Citado en Froma Walsh, *Normal Family Processes*, 2a ed. (Nueva York: Guilford, 1993), p. 9.

3. John Gottman, y Joan DeClaire, *Raising an Emotionally Intelligent Child*, (Nueva York: Fireside, 1997).

4. Para más información sobre el estudio, y para realizar el test relacional del Dr. Gottman, visite www.gottman.com.

**Capítulo 10: Lo que esperas para el futuro**

1. Karlyn Bowman, "How Women See Themselves: The Latest Poles", del Instituto de Políticas Clare Boothe Luce, 2000. Disponible en línea en www.cblpi.org/resources/speech. cfm?ID=30.

2. Stan Guthrie, "What Married Women Want", *Christianity Today*, octubre de 2006. Disponible en línea en www.christianitytoday.com/ct/2006/october/53.122.html.